Payés 106.   Par M. St Maurice.
                          Vig. Barbier.
Religion de quelques Egyptiens.

G. 607
A.

11155

NOUVEAU VOYAGE
DE GRECE,
D'EGYPTE, DE PALESTINE,
D'ITALIE, DE SUISSE,
D'ALSACE,
ET DES PAIS-BAS.

Fait en 1721, 1722, & 1723.

A LA HAYE,
Chez { PIERRE GOSSE,
PIERRE DE HONDT,
M. DCC. XXIV.

A MADEMOISELLE
J. C. A. E. C.

Mademoiselle,

Il est bien plus aisé de vous dédier un Livre, que de le faire bon, & j'apréhende fort que tout le mérite du mien ne se trouve que dans le choix que j'ai fait d'une personne que son es-

EPITRE

prit rend aussi digne que vous l'êtes de cet hommage. Un Voyageur plus ambitieux ou plus politique que je ne me pique de l'être, n'auroit pas manqué de mettre le Journal de son Voyage sous la protection de quelque Souverain, ou d'une grande Princesse: mais j'aime bien autant vous le présenter qu'à une Reine qui croiroit peut-être ne devoir cette déférence qu'à l'éclat de sa Couronne, ou bien à des vues que je ne suis pas capable d'avoir. Je puis vous assurer, MADEMOISELLE, que je n'en ai dans cette occasion que de très conformes à vos principes & à ma profession: je suis charmé d'avoir offert le

détail

EPITRE.

détail de ce que j'ai vu de plus curieux dans trois différentes parties du Monde, à une Européenne que l'on peut louer sans exception, & qui ne brille assurément pas sous une fausse réputation : de tous ceux qui vous honorent il n'en est point de plus sincère ni qui soit avec plus de considération que je serai toute ma vie,

MADEMOISELLE,

Vôtre très humble & très
obéissant serviteur.
C. D. S. M.

PREFACE.

Lorsque j'écrivois à mon Ami, je comptois de n'écrire que pour lui seul, sans oser m'imaginer que mes lettres pourroient subir l'examen du public. Ce n'est point pour insinuer que j'eusse pu mieux faire. Le Lecteur ne jugera que trop aisément du peu dont je suis capable; mais si ce petit ouvrage n'est pas aussi bon que je souhaiterois qu'il fût; je ne suis pas à me plaindre de ce que la nature m'a refusé les talens dont j'aurois besoin pour seconder ma bonne volonté. Dès ma premiére jeunesse j'ai voulu faire le métier de mes
Péres.

PREFACE. vij

Péres. Quelque éducation que l'on puisse avoir eue, il est bien difficile qu'un Officier fasse des progrès dans les belles lettres ; sur tout quand on est aussi dissipé que je l'ai toûjours été. Je comprens qu'à mon âge on n'entreprend que fort témérairement d'entrer dans la carriére où brillent les savans ; aussi tout ce que je souhaite présentement, c'est de profiter de la lecture des bons Livres.

Comme la plûpart des personnes aisées ont vu l'Italie, & qu'elles connoissent ces différens Païs aussi parfaitement que mon ami les peut connoître ; je n'ai pas trouvé à propos de m'étendre plus au long sur des Villes universellement connues.

Il n'y a point de curieux qui n'ait lu ou qui ne sache par lui même que la Campagne de Nice en Provence n'est pas moins fertile qu'elle est délicieuse ; & que la Ville de Monaco déserte & mal fortifiée, quoique très utile à la France, appartient à un Seigneur de la Maison de Grimaldi lequel n'ayant point d'enfans mâles a fait passer au grand regret de sa famille, cette Principauté dans la Maison de Matignon, par le mariage de sa fille aînée avec le Comte de Thorigni.

La République de Génes est aussi connue que la forme de son Gouvernement ; ses vingt huit premiéres familles y soûtiennent également leur crédit, & la Ville est toûjours fort peuplée de gens qui depuis très longtems sont plus affectionnez aux Espagnols, qu'ils ne sont portez pour la France.

Je n'ai point parlé des Lucquois, parce qu'on sait à peu près qu'ils vivent dans leur petite République comme d'honnêtes gens se comportent dans leurs familles; & si je me suis plus étendu sur les

les beautez de Florence, que sur la Maison de Médicis; c'est que les particuliers & le public sont plus curieux des édifices d'une Ville superbe, que touchez de la situation d'un Prince qui a perdu l'espérance de se voir renaître dans sa postérité.

Je n'ai pas plus parlé de l'ancien Gouvernement de Venise que de sa fondation ; car outre que ces sortes de matiéres conviennent plus à un Historien, qui peut & doit leur donner l'étendüe qu'elles méritent, qu'à un Voyageur qui dit nuement ce qu'il a vû ; c'est qu'il n'y a presque personne qui ne sache que les fondemens de cette République ont été jettez dans le même siécle que ceux du Royaume de France. Venise est composée de soixante & douze Isles, lesquelles furent pendant long-tems séparées les unes des autres, & gouvernées chacune par un Tribun particulier, que chaque Isle avoit la liberté de choisir, & de changer tous les ans: ce n'étoit dans les premiers tems, ni une même Ville, ni une même République; mais une Ligue très unie, & formée entre plusieurs Isles voisines, que l'intérêt de tous les Confédérez faisoit agir pour arrêter les fureurs des Barbares dont l'Italie se trouvoit innondée. Les Villes de cette République sont en partie dans la Lombardie, & composent ce qu'ils appellent l'Etat de terre ferme; les autres sont maritimes & forment l'Etat de mer. Qui est-ce qui ignore la maniére respectueuse avec laquelle le Doge se présente sur le Bucentaure pour épouser la mer, dont le mariage se fait en présence de tous les Ambassadeurs qui se trouvent dans cette Ville? J'ai pensé aussi qu'il étoit assez indifférent à mon ami, & peut-être

à

PREFACE.

à bien d'autres gens de savoir que les Contarini, les Morosini, les Michieli, & neuf autres familles que l'on nomme les Maisons Electorales, étoient fort au dessus de toutes les autres; quoiqu'il s'y en trouve dans la seconde classe de fort illustres. Personne n'ignore qu'il n'y a point de premier Président qui n'ait plus de crédit dans son Parlement, que le Doge n'en a ordinairement dans le Sénat.

Je pouvois dire quelque chose de la Dalmatie; mais n'ayant point resté plus de deux heures dans Zara Ville assez bien fortifiée, sans avoir fait un plus long séjour dans Spalatro agréable par sa situation, & célébre par plusieurs édifices de l'Empereur Dioclétien, dont j'eusse bien voulu voir la patrie, sçavoir la Ville de Salone qui n'est pas éloignée de là; comment pouvoir m'étendre sur un Païs que je con-

connois si peu? Il est bien vrai que l'on m'a dit que les Morlaques & leurs voisins ennemis irréconciliables des Turs, sont braves & entreprenans; que l'on vit dans la Dalmatie comme en un Païs de Cocagne; & qu'on voit encore aujourd'hui de fort belles antiquitez à Salone : mais tous ces témoignages ne m'autorisent point à parler de ce que je n'ai pas vu. Par cette même raison je ne me suis pas non plus mêlé d'inventorier une grande quantité de simples que je puis avoir vus, & dont j'ignore les propriétez; ni de remplir mes lettres d'un fort grand nombre de Temples, lesquels peuvent avoir été célébres dans leurs tems, & qui ne subsistent présentement que dans l'imagination de ceux qui se persuadent d'en avoir trouvé de beaux restes.

Avant que d'arriver à Corfou, on me parloit beaucoup des débris
d'un

PREFACE. XIII

d'un Temple de Jupiter Caſſien que je devois trouver à Nôtre Dame de Caſſopo; je ne vis aucune ruine de ce fameux édifice; & ſans examiner les merveilles qu'une image de la Sainte Vierge fait continuellement dans l'Egliſe voiſine de ce prétendu Temple, je me ſuis contenté de les entendre raconter.

Bien des Voyageurs ſe font une fête des fruits excellens que l'on mange dans les Iſles qui appartiennent aux Venitiens, & d'une Ambroiſie exquiſe dont, ſelon eux, je devois être embaumé à Céphalonie: tout cela m'a paru ſi fort au deſſous de la bonté des figues de Provence, des melons de Langey, & du muſcat de Frontignan; que je n'ai pas cru qu'il fût plus néceſſaire d'en faire mention que de deux pitoyables maſures dont on prétendoit à Cerigo que je reſpecterois les pierres, ſur la parole de deux ou trois craſſeux qui vou-

* 7 loient

loient absolument que je crusse que ces deux maisons avoient appartenu l'une à la mére de l'Amour, & l'autre à la belle Héléne.

On ne trouve effectivement aucune inscription sur la véritable Isle d'Ithaque, il y a pour tout monument des monceaux de pierres : mais s'il s'en faloit rapporter à l'ignorance, ou plûtôt à la mauvaise foi de certains Grecs, fort attentifs à surprendre la crédulité des Voyageurs, on prendroit l'Isle de Thiaki pour celle qu'habitoit Ulisse : on regarderoit une vieille carcasse de Château pour le Palais de ce Prince ; & moyennant très peu de chose plusieurs faux antiquaires promettroient de montrer dans l'Isle de Sainte Maure, l'endroit sur lequel étoit bâtie une maison de plaisance de Pénélope ; & le lieu où le Roi son époux fut tué près du Port par un
fils

PREFACE.

fils qu'il avoit eu de Circé: un savant Athénien nommé *Demetrio Bernizelo*, lequel est mort à Zante, a montré clairement la fausseté de toutes ces mauvaises découvertes; Pénélope n'a point eu de maison dans l'Isle de Sainte Maure; & Ulisse se préparant à passer dans celle de Céphalonie appellée Samos par Homére, fut massacré à l'entrée d'un Port que l'on voit plus qu'à demi comblé à *l'Izola di Compare*, laquelle n'est autre que celle d'Ithaque. A l'égard de toutes ces Isles, ceux qui les connoissent bien ne sont guére plus contens de l'exactitude de Strabon sur ce qu'il en a dit, que des fautes qu'ont commises les autres anciens Géographes, & que commettent presque tous les modernes, lesquels s'écartent grossiérement dans les cartes qu'ils en donnent, malgré les relations de tant d'habiles gens qui ne cessent de s'en plaindre.

dre. Si j'eusse pris terre à Zante, peut-être aurois-je eu lieu de parler d'une fontaine de poix que l'on y voit, dit-on, sortir d'une haute Montagne, dans le fond du Golfe environ à cent pas de la mer. Je n'ai pas distingué la grande Isle de Delos d'avec la petite, toutes deux tant vantées par Homére, & par une foule d'autres Poétes; je les ai trouvées si désertes & si absolument dépourvues de tout ce qui peut nous donner une juste idée de la magnificence de ses anciens édifices, que j'ai cru n'en pouvoir parler avec plus de justesse, qu'en annonçant que je n'y avois trouvé que des pierres qui ne signifient plus rien : il est vrai qu'en fait d'Antiquité on leur donne, comme à bien d'autres choses, tout le relief, ou le tour, dont on a besoin tant pour faire valoir son sentiment, que pour venir à certain but que l'on ne se
propo-

PREFACE. xvii

propose que trop souvent aujourd'hui; mais pour moi je ne suis ni antiquaire, ni mistique.

Tous les plus beaux édifices d'*Ephese* sont si absolument détruits que je n'ai pas eu le courage d'en dire un mot. Quant au peu d'Inscriptions & aux bas reliefs que l'on a négligé d'en tirer, qu'est-ce qu'ils nous apprennent? La seule figure que j'ai pû un peu mieux distinguer, est celle d'un Cheval avec un homme couché sous ses pieds lequel m'a paru porter un ancien casque de Macédonien sur sa tête; une autre figure qui tient le pied de ce premier homme semble le vouloir retirer du péril où elle le voit exposé; c'est une femme représentée sur un reste de la même pierre en posture de suppliante, demandant quelque chose de l'autre figure, laquelle est habillée à la Romaine. Tout cela peut bien représenter quelque

triom-

triomphe Romain: mon antiquaire reconnu pour habile & honnête homme me difoit que ce pouvoit être auffi la repréfentation de Troye détruite par les Grecs, & celle d'Hector tiré par le Char d'Achille; il ajoûta que d'autres avoient penfé que ce pourroit bien être l'image du martire de quelque Chrétien. Quoiqu'il en foit l'homme que j'avois amené pour m'expliquer ces antiquitez, me permit d'en faire toutes les applications qui me conviendroient s'engageant volontiers dans une partie des frais du procès que l'on pourroit m'intenter à cette occafion. Le même antiquaire n'ayant pas été d'avis que je fuffe vifiter les ruines de Troye; je fuivis fon confeil, avec d'autant plus de complaifance qu'il m'affura que je n'y trouverois rien de tout ce qui pouvoit y attirer ma curiofité. Il croyoit être bien certain que l'*Ilium* que l'on trouve

à

PREFACE.

à l'extrêmité de Tenedos au Sud à portée du célébre Mont Ida, n'est nullement Troye si vantée par Homére & par Virgile: mais une *Ilium* plus moderne dont Strabon faisoit mention de son tems, qui n'étoit qu'un Village dont Alexandre le Grand commença de faire une Ville que Lisimacus continua & que l'on nomma Alexandrie: long-tems après on y envoya une Colonie de Romains & elle fut enrichie de fort grands priviléges.

Le peu que j'ai vu du Granique célébre par la grande victoire qu'Alexandre remporta sur ses bords, ne m'a point donné lieu d'en parler, ayant trouvé cette Riviére tout à fait à sec.

Que dire de la malheureuse Ville de Pergame, dans laquelle on ne trouve que des misérables, & pas le moindre reste du Palais d'Attale? Les Villes de Sardes &
de

de Laodicée n'offrent rien qu'une extrême désolation; je n'aurois eu rien à en dire que ce que l'Histoire fournit sur le détail de leurs malheurs. La Mer Egée & l'Ionienne conservent toûjours leurs noms qu'elles doivent l'une au Pére de Thésée, & l'autre au Prince Yon: ce n'est que la même Mer Méditerranée sous divers noms, que les Auteurs donnent à ses parties; je laisse aux Géographes le soin de marquer leurs bornes, & aux Grammairiens celui de nous apprendre l'étymologie de tous ces différens noms: cette érudition ne m'a point paru fort intéressante. J'avois dessein de voir la fameuse Lacédémone, mais on me détourna d'y aller, parce qu'on n'y trouve plus rien de remarquable: j'ai donné toute mon attention aux ruines d'Athénes; & quoique je n'en aye dit que très peu de chose, je suis

per-

PREFACE.

persuadé que ceux qui la visiteront après moi, trouveront peut-être que je l'ai trop flatée : je suppose que ce ne seront point certains Voyageurs qui se livrant à l'entousiasme de leur imagination échaufée, sont résolus d'admirer tout ce qu'ils voyent dans des Païs aussi éloignez, & croyent continuellement découvrir sur le plus petit arbre de la Troade, ou un Hector ou un Achille.

J'ai parlé avec assez d'exactitude de ce que j'ai vu tant dans la Syrie que dans la Palestine ; & si je n'ai rien dit des mœurs & du caractére des Turcs, c'est que je les ai fort peu pratiquez ; d'ailleurs, il n'y a guére de satisfaction à rechercher des gens avec lesquels on ne s'explique que par Interpréte, & dont le commerce est très languissant. Les Turcs de la Capitale, à la vérité, se délient tous les jours ; mais la plus grande partie des plus aisez

fez que l'on trouve dans les Provinces de l'Empire Ottoman, n'ont rien de tout ce qu'on nous dit à leur avantage; & pour un Musulman dont la probité nous aura ébloui, nous en trouvons cinq cens qui sont incapables d'un procédé raisonnable : on ne nous en impose pas moins sur l'exactitude de leur justice, que sur leur sincérité & leurs autres vertus morales; la constitution de l'Empire Turc oblige ses Sujets d'être avares; personne n'ignore que toutes les Charges sont continuellement à l'encan dans le Serrail, & qu'on ne se peut maintenir dans la possession du poste qu'on vient d'acheter, qu'à force d'argent: c'est par la même voye que l'on obtient un jugement favorable, après avoir rendu bonne une cause très inique. L'Empire des Médes, & toutes ces puissantes Monarchies dont nous lisons le renver-
se-

sement étoient en bien meilleur etat à la veille de leur destruction, que ne l'est aujourd'hui l'Empire Ottoman, dont le plus sûr appui ne se trouve que dans la politique des Princes Chétiens.

Les Arabes sont aussi vifs que les Turcs sont pesans; ils ont de la conversation, de la lecture, & des Manuscrits, que je n'ai point à la vérité feuilletez, sachant bien que je ne les pourrois déchifrer; & une lettre qu'un Emir conserve de l'héritage de Tamerlan, m'a paru trop apocrife pour en devoir raporter le contenu : on la suppose écrite à cet Empereur par le Pape Boniface IX, lequel selon les apparences, songeoit plus à ses propres affaires, qu'à armer un Roi des Tartares contre le Sultan Bajazet en faveur de la Chrétienté.

Quoique je sois persuadé que je n'aurois trouvé rien de curieux
sur

sur le Parnasse, & sur le Mont Ida, je me reprocherai toûjours de ne les avoir point visitez; mais il en est des Voyageurs comme de la plûpart des hommes qui ne connoissent le prix des choses que lors qu'ils les ont perdues de vue, ou après s'être mis par leur négligence dans l'impossibilité d'en jouir. Pour tirer un profit bien solide d'un pareil Voyage, on doit posséder au moins le Grec, & avoir une teinture des Langues Orientales, & par malheur ce sont des Langues que j'ignore parfaitement.

Plusieurs Voyageurs qui se sont donné la peine d'écrire & de nous donner des amples descriptions de l'Archipel, pourront trouver mauvais que je me sois aussi peu étendu sur un Païs qui leur a paru très agréable, & lequel selon eux est encore aujourd'hui des plus délicieux : c'est tout ce que je pouvois rois croire si j'avois été élevé chez les Lapons, ou dans l'Empire du Thibet ; mais je venois directement de France & d'Italie lorsque je me suis debarqué dans l'Archipel ; & je n'avois pas le goût assez usé pour admirer ce que je soûtiens n'être pas digne d'admiration : je ne disconviens point que l'air ne soit extrêmement doux dès le mois de Février dans toutes ces Isles ; mais je ne passerai pas à ceux qui ont écrit l'Histoire des Ducs de l'Archipel, que l'air soit également tempéré dans les Ciclades & sur les Côtes des Mers Egée & Jonienne. il est même pestiféré au Milo dans les grandes chaleurs, aussi-bien qu'à Scio & à Rhodes. Il est vrai que la goute & la gravelle ne sont point connues de ces Insulaires, grace à leur tempérament ; mais les allarmes continuelles de la peste, & d'autres maladies dont les naturels du

Païs

Païs font fort souvent affligez ; ne font-elles point mille fois plus à craindre que les maux que nous ne contractons le plus souvent dans nos climats fortunez, que par la délicatesse avec laquelle nous avons soin de nous nourrir, & par le peu d'exercice que nous faisons? Je conviendrai sans peine qu'il faut aller dans l'Archipel pour y voir le Printems dans toute sa beauté; & que cette saison si riante & si vantée en Italie est bien toute autre chose dans les Isles de Malthe, de Naxe, & d'Andros, dans lesquelles les Orangers, & les Citroniers parfument l'air par la quantité de fleurs dont ils sont chargez, & qui s'épanouissent aux premiéres chaleurs: j'ai vu les Campagnes, les Collines, & le sommet des Montagnes rouges d'Anemones, émaillées en plusieurs endroits de quantité de fleurs de toutes sortes de couleurs, & couvertes

PRÉFACE.

vertes dans d'autres de Thin & de Lavande, dont les Abeilles qui y volent par nuées tirent un miel aussi blanc, sans approcher de la bonté de celui de Narbonne: les Lauriers-roses que l'on conserve en Languedoc avec beaucoup de soin, viennent naturellement dans les Prairies, & le long des ruisseaux qui en font bordez. J'ai vu avec plaisir dans les Isles de Scio, & de Naxe, ces beaux arbres de la hauteur de douze à treize pieds mêlez de fleurs blanches & rouges se croiser par les branches d'en-haut sur un ruisseau ou sur le lit d'une Fontaine très négligée, & faire un berceau d'une longueur assez considérable. Un Auteur pour lequel j'ai de la vénération, & qui ne péche que par bonté & par un excès de politesse pour les Naxiotes & pour un Magistrat de cette Isle qu'il illustre d'un titre qu'il n'a jamais porté; écrit que les O-
ranges

ranges de Portugal sont délicieuses à Naxie : pour moi je n'y en ai cueilli que de bien améres ou de très communes ; ce fruit à la vérité m'y a paru d'une grosseur extraordinaire aussi-bien qu'à Corfou, & en Morée ; mais je soûtiens n'y en avoir goûté que de fort mauvais : je n'excepte des méchans fruits de ces Païs-là que les Cédres, & les Melons d'eau ; & si vous voulez les figues qui ne sont point à beaucoup près du goût de celles de Provence. J'ai mangé des raisins meilleurs qu'en lieu du monde à l'Isle de Stanco, & je ne disconviens pas d'avoir bu dans le Levant de la Malvoisie, & des Vins exquis, mais je ne puis convenir en même tems que les Vins muscats de Smirne, de Tenedos & de Samos, doivent être comparez à ceux de St. Laurens, de Frontignan, & de Rivesalte. C'est une erreur de se l'imaginer & de croire que les Perdrix

PREFACE. xxix

drix rouges qui ne coûtent qu'un ou deux sols dans ces Païs-là, y soient bonnes: ce gibier s'y trouve en abondance, puis que la terre en est souvent couverte, & que c'est une espéce de manne qui nourrit cette pauvre Nation: mais cette manne ne sent rien, & le meilleur Cuisinier auroit bien de la peine de faire trouver bons les ragoûts que l'on fait de la volaille ou du gibier que fournit l'Archipel. A l'égard de la Religion de ces Peuples, j'écris naturellement ce que j'en pense, & je ne crains point de répéter que si les Péres Jésuites ne sont point absolument chargez des Missions de Turquie, dans peu de tems la Religion Chrétienne y sera tout à fait éteinte.

Je ne parle que de ce que j'ai vu & m'abstiens de débiter des merveilles sur la foi d'autrui. Mes descriptions sont vrayes & sincéres, & s'il y a des choses dont je
ne

ne parle pas; il ne faut pas toûjours conclure qu'elles n'exiſtent point, mais ſimplement que je ne les ai pas vues.

J'ai dit à peu près ce que je ſavois de la ſituation de Malthe, des Villes de Livourne, de Piſe, de Turin, de Chambéri, & de l'Etat de Genéve: je n'ai caché ni le bon ni le mauvais de la Suiſſe; & ſi je ne me ſuis pas plus étendu ſur l'Alſace que ſur les Villes que j'ai viſitées, tant ſur les bords du Rhin, que dans les Duchez de Juliers, de Cléves, de Gueldre & dans les Païs-Bas; c'eſt que je ne me ſuis attaché qu'à examiner les édifices les plus remarquables, tant dans l'antique que dans le moderne. Je ſouhaite de tout mon cœur que ceux qui liront ce petit Ouvrage ſoient auſſi ſatisfaits de ma maniére d'écrire, qu'ils le doivent être de mon impartialité.

E. R.

ERRATA.

Page 9. ligne 7. *des* lisez, *de*
p. 11. lig. 5 & 6. ôtez, *que j'ai trouvé fort beaux*
p 19. lig. 9. *appartenante*, lisez *appartenant*.
Ibid lig. 19. *sur*, lisez, *dans*.
p. 26. lig. 8. ôtez *en*
p. 28. lig 20. *passe*, lisez *pousse*.
p. 29. lig. 7. 1700. lisez 1720.
p. 33. lig. 20. *avoir* lisez *voir*.
p. 35. lig. 22. *d'où*, lisez, *dont*.
p. 41. lig. 7. *du tout point*, lisez *point du tout*
Ibid. lig. 15. *d'Ecopoli*, lisez *de Scopoli*.
p 52. lig. 7. *qu'avoit*, lisez *qu'occupoit*.
p. 55. lig. 23. après *Latone* ajoûtez *le serpent*.
p. 57. lig. 2. *Drogman*, lisez *Droguemau*.
p. 62. lig. 9. ôtez *que*.
p. 63. lig. 19. *portent*, lisez *comportent*.
p. 67. lig. 3. *en* lisez *à*
p. 70. lig 14. *dont*, lisez *dequoi*
Ibid, lig. 21. *tems*, lisez *Palais*.
p 74. lig. 19. *mené*, lisez, *amené*.
p. 79. lig. 20. *Palafa*, lisez *Pacafa*.
p. 93. lig. 13. *prenne*, lisez *prisse*.
p. 96. lig. 15 *approchante*, lisez *approchant*.
p. 117. lig. 13. *troisieme*, lisez *treizième*
p. 129. lig. 10. *parus*, lisez *paru*.
p. 139. lig. 2 *Joseph*, lisez *Josephe*.
p. 152 lig. 10. *c'est* lisez *cela est*.
p. 154 lig. 22 après *Paule*, lisez *&*.
p. 156 lig 7. *Maison*, lisez *prison*.
p. 170. lig. 14 *descendent*, lisez *descendissent*

p. 171. *lig* 3. après, *Empire* mettez *Ottoman*.
p. 200. *lig* 7. *parus*, lisez *paru*.
p. 204. *lig.* 4. *Ceni* lisez *Cenis*.
p. 209. *lig.* 8 *Tourné*, lisez *Tournes*.
p. 218. *lig. dern. Nevay.* lisez *Vevai*.
p. 229. *lig.* 13. *Polantreu*, lisez *Porrentruy*
p. 369. *lig.* 17. *parue* lisez *paru*.
p. 364. *lig.* 3. *Gandois*, lisez *Gantois*.
p. 369. *lig.* 18. *Vinoc*, lisez, *Vinox*.

VOYAGE
DE GRÉCE, D'EGYPTE, DE PALESTINE, D'ITALIE & DE SUISSE.

I. LETTRE.

IL y a long-tems que vous saviez, Monsieur, que je me promettois un voyage au Levant, je me contente à la fin, & suis depuis un mois sur la route de Génes. J'ai passé quelques jours à la Rochelle, où Monsieur le Comte de Chamilly Commandant Général dans le haut & bas Poi-

Poitou & dans les Païs d'Aunis & de Xaintonge, fait une grande dépense. La Rochelle que les Auteurs Latins nomment *Rupella*, s'embellit tous les jours par le nombre de Bâtimens dont on agrandit ses fauxbourgs; elle est aussi considérable & plus marchande qu'elle n'a jamais été, & cette surprenante Digue que fit faire le Cardinal de Richelieu pour brider l'Ocean, & arrêter le secours que le Duc de Buckhingham devoit jetter dans cette place pendant que le Roi Louïs XIII. en faisoit le Siége, sera long-tems l'admiration de la Postérité. Après la prise de cette Ville, on en ruina les Fortifications qui ne sont point encore relevées, & les Habitans déchus en même tems de leurs meilleurs priviléges ne les ont pû recouvrer. Il y a à la Rochelle un Siége Episcopal, un Présidial, & une Cour Souveraine pour les Sali-

Salines du Ponant. On y bat Monoye, & son Port défendu par deux vieilles Tours, est assez fréquenté. Celui de Rochefort, que j'ai visité avant que de passer en Oleron, est incomparablement plus beau, mais s'il est vrai que nos Vaisseaux s'y pourissent, on pourroit peut-être bien l'abandonner. L'Isle d'Oleron qu'on trouve sur les Côtes de Xaintonge, est l'Olarion de Sidonius Apollinaris: Elle peut avoir quatre lieuës de longueur & dix de circuit; sa Campagne est fertile & riante, & les Habitans y vivent dans une grande abondance: la Ville est triste & mal bâtie, mais sa Citadelle est réguliérement fortifiée. Marennes est un Bourg considérable par ses Salines, & l'aisance de ses Habitans, qui ne sont pas plus Catholiques que ceux d'Oleron & de Royan. Cette derniére Ville qui appartient à la Maison de la

Trimouille, est moins connuë par sa beauté, que par la fertilité de son terroir, & par la pêche du Harang. De Royan qui n'a qu'un petit Havre où les Bâtimens du Païs se mettent à couvert, je me suis rendu dans un jour à Bourdeaux Capitale de la Guyenne. Cette Ville une des plus grandes & des plus marchandes du Royaume, n'est pas moins fameuse dans l'histoire Romaine que dans celle de France. On y voit encore un Palais de l'Empereur Gallien, & les restes d'un Temple qui étoit consacré aux Dieux Tutélaires. La Garonne bordée d'un grand & beau Quai, a tous les jours le reflux de la Mer, qui croissant de deux grandes toises, porte les plus gros Vaisseaux dans le Port appellé de la Lune, parce qu'il est en croissant; les Connoisseurs en admirent la beauté, & voyent avec plaisir la Métropole, l'Hôtel-de-Ville, *d'Egypte, de Palestine, &c.*

Ville, la Chartreuse, les terrasses des Capucins, & le Chartron. Les Femmes s'y mettent bien, & ont de l'esprit ; les Hommes y cultivent les Belles Lettres & sont aussi vifs que leurs Vins ont de force, mais le Château Trompette flanqué de six bons Bastions, les tempére. Monsieur le Maréchal de Berwick, vit uniment avec eux, & sans faire une dépense excessive, il y représente assez bien. La riviére de Garonne m'a porté à Langon, dont les Vins ne peuvent être estimez que de ceux qui ne s'y connoissent point. J'y ai trouvé dans le jardin des Capucins, le magnifique Tombeau d'un ancien Templier ; & passant par Agen qui n'a rien de curieux que son Hermitage, je suis arrivé dans trois jours de Langon à Toulouse, où je vous exhorte de voir, quand vous y passerez, un Obélisque bien travaillé qui s'élés'éléve sur la Fontaine de la Place de Saint Etienne. Visitez y la Métropole, la Maison de Ville, l'Eglise de Saint Sernin, le Charnier des Cordeliers, la Dalbade bâtie sur les ruines d'un Temple consacré au Soleil, & le Pont-Neuf qui ne vous déplaira peut-être point, quoi qu'il ne soit qu'un diminutif de celui de Paris. Mais ne jouez point dans les Assemblées si vous n'êtes pas joueur, & n'oubliez point que les Dames y sont galantes & d'une grande dépense; les Hommes s'y mettent de bon goût, & comme ils ont naturellement de l'esprit, ils ont toûjours eu de grands Hommes dans les Lettres. Les Romains ont embelli cette Ville dans un tems, & l'ont ruinée dans un autre. Un de leurs Lieutenans en enleva le Trésor qui, selon leurs Croniques, devoit être immense. Quoique cette Epoque ne soit pas des plus claires,

res, elle est bien plus certaine, que l'Histoire de leur Fondation, qu'ils ne veulent devoir qu'à Tholus neveu de Japhet. Comme ils sont opiniâtres & fort vains, ils n'en démorderont pas si-tôt. Au surplus Toulouse, dont le Parlement est le second du Royaume, doit passer pour une grande & belle Ville. Je me suis embarqué en la quitant pour prendre la route de Béziers sur le Canal de Languedoc, dont l'ouvrage est digne d'admiration. J'ai vû, en chemin faisant, les Villes de Castelnaudari & de Carcassone qui ne sont assurément point belles: mais le séjour de Béziers est fort agréable. La Ville est bâtie sur une belle Coline, laquelle domine sur une vaste & fertile Campagne; & voit la Riviére d'Orb former à ses pieds différentes Isles, sans négliger ses jardins qu'elle arrose fidélement : Tout y rit & chacun s'ems'empresse d'obliger un Etranger. On y boit des Vins délicats, & bien murs, & l'on y trouve en gibier, comme en poisson, tout ce qu'on peut manger de plus exquis. Pline, Ptolomée qui la nomment diversement aussi bien que plusieurs autres Auteurs, nous apprennent qu'elle fut considérable aux Romains, qui y bâtirent deux Temples en l'honneur d'Auguste & de Julie; mais les ruines de ces deux Edifices ne sont pas mieux entretenuës que les débris qu'on y trouve du Palais d'un Raimond Trincavel & de cinq ou six autres Vicomtes qui usurpérent la Seigneurie de cette Ville, durant la décadence de nos Rois de la seconde Race. La petite Ville de Pézenas n'est plus jolie que par la situation; & Agde, dont l'Evêché est assez considérable, est toûjours triste & mal habitée; je n'y ai passé que deux heures que j'ai em-

employées à visiter le célébre Pélerinage de Nôtre-Dame du Gros. Le Bourg de Céte, qui s'augmente tous les jours, devient considérable tant par la commodité de son Port, que par plusieurs Manufactures, & des bonnes Raffineries qui n'y laisseront pas languir le Commerce. Je m'y suis embarqué sur un vaisseau Génois, qui au bout de trente heures est entré dans le port de Marseille, qui est un des plus beaux, & des plus fameux de l'Europe. La Ville de Marseille fut considérable presque aussitôt qu'elle a été fondée, & les Romains qui recherchérent son Alliance, lui accordérent des priviléges très avantageux. La Maison de Ville, la Ruë Neuve, & le Quai ne méritent pas moins d'être vûs que ses dehors, qui sont embellis par quantité de jolies Maisons, qu'ils appellent des Bastides, où tout se rend les fêtes &

les dimanches. On ne respire que la joye dans ces délicieuses Campagnes, où tout le peuple danse au son de la Flutte & du Tambourin. En un mot cette Ville, qui prétend être redevable de sa Fondation à une Colonie de Phocéens, n'a rien perdu de son ancienne splendeur: Elle a toûjours de fort beaux priviléges, c'est une des mieux peuplées de l'Europe, & il en est peu qui puissent fournir à l'Etat de plus grandes ressources. J'ai visité le Port, l'Arcenal & les Magasins de Toulon, dont la Ville n'est pas bien bâtie, & le séjour n'en est agréable que par le nombre d'Officiers de Marine qu'on voit dans ce Département. La Ville d'Hyéres est fort ancienne & très ennuyeuse. Celle d'Antibes, bien fortifiée, n'est pas si amusante que Nice dont les environs sont charmans. C'est une agréable Ville où tout
est

est bon, & où l'on vit à grand marché. Le Prince de Monaco n'a rien de beau dans sa Principauté que son Orangerie & ses Jardins de Manton que j'ai trouvez fort beaux. J'ai côtoyé toute la Riviére de Génes, & n'ai vû qu'en passant les Villes de Saint Reme, le Port Maurice, Oneille, Dian, Langueille, Savonne, & Final, toutes assez dépeuplées, & fort misérables. Les Jardins qui en dépendent sont remplis d'Orangers plantez sans goût & sans arangement. J'ai pris terre dans ce Port qui n'est ni beau ni commode, le huitième jour après mon embarquement à Marseille. Génes est une grande Ville fort peuplée, mais habitée par de fort méchantes gens. La Noblesse ancienne y tient le premier rang, & la nouvelle le second: on compte dans ces deux différentes Classes des Familles très puissantes,

santes, comme celle des Doria dans la première, & celle des Durazzo dans la seconde. Les beaux Palais se trouvent dans la Ruë neuve, & dans celle de Balbi. Ces deux Ruës sont parfaitement belles & bien percées, mais les autres sont étroites, mal pavées, & fort obscures. Je me proméne souvent au Palais Doria & à saint Pierre d'Arenne : Quand on a vû ce quartier-là, avec les Eglises de saint Cyr, de Saint Laurent, & l'Arcenal qui est dans le Palais Ducal, il ne reste que très peu de chose à voir. Un Colonel Valon me présenta il y a deux jours à Monsieur Impériali Doge de cette République, dont les Sujets depuis le plus grand jusqu'au plus petit négocient. Le nombre des Domestiques que chacun peut avoir est ici fixé, & les dorures y sont aussi défenduës que les riches Livrées. Les Dames y sont galantes & fidéles

les comme elles le font par tout, elles ont chacune leur Cigisbé, comme qui diroit un Ami qui ne les quitte point pour peu qu'elles foient de fon goût; le Mari ne s'en doit point offenfer, puifque c'eft une coûtume pratiquée depuis long-tems dans cette Ville qui eft une des mieux policées de l'Europe. J'y foupai hier au foir chez le Commiffaire d'Efpagne avec Meffieurs Ogan & Miffet, qui font deux Officiers du nombre des quatre qui enlevérent à Infpruck, la Princeffe Sobieski. Le petit Ogan eft un Gentilhomme Anglois qui fut pris à Prefton, & qui ne s'eft tiré de la Tour de Londres que par l'intrigue d'une vieille femme; & Miffet eft un Irlandois d'une grande réfolution, que j'ai connu en France Capitaine dans le Régiment de Ficheral. De la maniére dont ces deux amis, qui s'embarquent ce foir pour aller

aller servir en Espagne, m'ont parlé de l'enlévement de cette Princesse, il n'y a nulle apparence que l'Empereur ait favorisé l'exécution du projet que formérent ces quatre Officiers pour mettre leur Reine en liberté. Le Major Guaydon reçût à Sheleſtat les ordres du Chevalier de St. George & une somme assez considérable, pour exécuter tout ce qu'il projetteroit d'entreprendre pour tirer des fers la future Epouse d'un Prince qu'il regarde comme son Maître. Il communiqua son dessein à Messieurs Ogan & Misset. La femme du dernier, quoique grosse de quatre mois, voulut être de la partie. Ils firent en même tems l'emplette d'une bonne Berline attelée de six beaux chevaux, & prenant la route d'Insprück, ils s'y rendirent & trouvérent le moyen de faire briser les rouës de leur Voiture à la porte de de cette Ville. Mais pendant que les ouvriers étoient occupez à réparer leur équipage, ces Officiers qui s'introduisirent dans toutes les Assemblées, & qui se faisoient rechercher par leur grande dépense, informérent la Princesse de leur Commission. Une Religieuse qui fut gagnée, rendit fidélement les lettres qui s'écrivoient de part & d'autre. Le jour du départ fixé, & l'heure prise à dix heures du soir, on crut que pour faire réüssir la chose plus aisément, il falloit mettre du secret une jeune Bourgeoise qui se trouve de la taille de la Princesse. Cette Jolie Tyroloise traversa hardiment la Salle & l'Antichambre où le Gouverneur avoit établi un Corps de Garde pour s'assurer d'elle, & accomplissant les engagemens qu'elle avoit pris, elle se jetta dans le lit de cette Prisonniére qui feignoit depuis deux jours d'être malade.

Ma-

Madame la Comtesse de Saint-George déguisée sous un habit pareil à celui de la petite Allemande, sortit en même tems de son Appartement, & passant avec autant de fermeté que de présence d'esprit devant sa Garde, qui la prit pour la même personne qu'elle venoit de laisser entrer, elle fut joindre Misset qui sifloit devant la porte du Couvent, comme ils en étoient convenus, pour qu'elle sçût à qui elle se devoit adresser. La Princesse fut conduite aussitôt à une Hôtellerie, où elle monta dans la Berline préparée, que Madame Misset & le Major Guaydon eurent l'honneur de remplir avec elle. Misset & un autre Gentilhomme de sa Nation restérent encore deux heures dans Inspruck pour savoir de quelle maniére les Officiers de l'Empereur en useroient, en cas que leur retraite fût découverte; mais la tranqui-

quilité de la Garde leur faisant juger que l'on ne s'étoit encore apperçû de rien, ils rejoignirent la Princesse, qui eût été arrêtée le lendemain de son départ, si Misset n'eût enyvré un Courier que le Commandant d'Inspruck avoit dépêché à tous les Officiers du Païs pour leur donner ordre d'arrêter cette généreuse fugitive. Misset étoit résolu de casser la tête à ce Postillon s'il ne l'eût pas enyvré, mais il ne fut pas obligé d'en venir là, & il eut le bonheur de se rendre maître du Courier & de ses dépêches qu'il remit à Madame la Comtesse de St. George, qui au bout de trois jours & de trois nuits, pendant lesquelles on ne s'arrêta qu'autant qu'on en eut besoin pour changer de relais, se trouva sur les terres du Saint Siége. Croiroit-on qu'une aussi jeune Princesse fût capable de tant de résolution & de conduite? Je compte de
par-

partir incessamment pour Livourne, d'où je vous écrirai, & les lettres que vous recevrez doresnavant de moi, seront un peu plus détaillées, je n'ay crû vous devoir marquer dans celle-ci que la route que j'ai tenuë, c'est un chemin si frayé & si connu, que je ne juge pas fort nécessaire de vous en entretenir : mais plus je m'éloignerai de vous, plus je trouverai d'occasions de satisfaire vôtre curiosité : ce que je souhaite le plus, c'est de vous pouvoir prouver que personne au monde ne vous honnore si parfaitement que moi.

A Génes le 24. Mai 1720

II.

II. LETTRE.

JE ne suis point à Livourne, comme je me l'étois proposé, & si je n'eusse prudemment relâché au bourg de l'Espéztia, & à la vûë de la Ville de Masse, vous n'auriez peut-être plus eu de mes nouvelles. J'entrai dans Masse qui donne son nom à une petite Souveraineté appartenante à un Gentilhomme de la Maison de Cibo qui en fait hommage à l'Empereur. Je visitai le Palais Seigneurial qui n'a rien de remarquable, avant que d'aller coucher chez les Péres Capucins qui m'ont reconduit à ma Felouque, d'où je me suis encore fort à propos débarqué pour me jetter dans l'Erizi qui est un misérable Port sur l'Etat de Génes. J'y abandonnai ma

Felouque, & pris un meilleur Bâtiment qui m'a porté dans le Port de Vado, que je n'ai vû qu'après avoir couru beaucoup de danger. Vado est un des plus jolis Bourgs d'Italie. On y trouve sur le bord du Canal un Cabaret bien bâti, & aussi bien meublé: J'y ai pris une Chaise de Poste pour me rendre à Lucques Capitale d'une République qui ne fait pas beaucoup de bruit, mais qui est des mieux gouvernées. La Ville est fort grande, ses Ruës sont bien percées, ses Edifices bien entretenus, ses Ramparts fort beaux, les Fortifications en assez bon état, & la Campagne très riante. De Lucques j'ai été coucher à Pistoye petite Ville dans la Toscane, & dont la situation n'est pas dès-agréable. Je suis parti de Pistoye le lendemain de mon arrivée, & s'après avoir traversé des belles & riches Plaines, vû des charmans Côteaux,

&

& passé dans des Chemins bien asſûrez, je ſuis entré dans Florence, où j'ai deſcendu à l'Hôtel de Saint Louïs, que tient un honnête homme de Baviére. J'ai rendu une heure après mon arrivée preſque toutes les Lettres de recommandation que j'avois pour des Officiers de cette Cour, qui m'ont fait préſenter par le Bailli d'Elbene homme reſpecté & bien reſpectable, au Grand-Duc qui m'a parlé avec beaucoup de bonté. Je n'ai pas été ſi-tôt de retour dans mon hôtellerie, que j'y ai reçû des rafraichiſſemens dont ce Prince m'a honoré. J'ai fait enſuite la révérence à Madame l'Electrice Palatine, aux Princeſſes Yoland, & Eléonore, & à Dom Gaſton dernier Prince de la Maiſon de Médicis. Le Bailli Laurenſi chargé des affaires de France, & les Comtes de Tyrel, & de Molzat m'y régalent tour à tour, & je crois que
ſans

sans eux je regréterois peu le séjour de cette Ville quelque belle qu'elle soit.

Florence est parfaitement bien située; quantité de Palais, de belles Maisons de Campagne, & des grandes Avenuës ornent sa situation, ses Rues sont larges, bien percées, & encore mieux pavées, mais tristes, parce qu'elles sont dépeuplées. Le Dôme de la Cathédrale est aussi beau que son Clocher, & trois ou quatre Eglises aussi riches par leurs Peintures, que par leurs Trésors, m'y paroissent superbes. J'y trouve des tombeaux dont la Sculpture doit immortaliser l'ouvrier qui les a faits. J'y admire à mon aise les Galeries du Grand-Duc, où je vois ce que les Anciens & les Modernes ont eu de plus curieux. On ne peut assez considérer toutes les raretez renfermées dans les nombreux Cabinets de ce Prince. On m'y a montré

tré un Buste du grand Alexandre, la fameuse Statue de Vénus taillée par Appollodore, avec celles des Empereurs, & des Impératrices de Rome & des plus grands Personnages des Siécles passez. Ce Prince a ramassé, comme ont fait ses Prédécesseurs, les meilleurs Originaux des Peintres qui se sont fait un nom, & n'a rien épargné pour ajoûter aux richesses, que lui ont laissées ses Ancêtres, ce qu'il a pu trouver de rare, tant en Diamans, Rubis, Perles, Emeraudes, Saphirs, & Topazes, qu'en Ambre, Porcelaine, Cristeaux, Porphire, Corail, Marbre & Granite. La Chapelle de Saint Laurent qui n'est pas encore finie, fait l'admiration de tous les connoisseurs. C'est le lieu de la Sépulture des Grands-Ducs; chaque Prince y est embaumé dans un Mauzolée merveilleusement travaillé, & pour le prix de ces Tombeaux, où les

pier-

Pierres précieuses ne sont point épargnées, on pourroit faire bâtir un bel Hôtel dans quelques Capitale que ce puisse être. J'ai visité trois ou quatre Palais fort riches en Sculpture & en tableaux; mais les meubles, & les équipages ne répondent n'y à la magnificence des Bâtimens, n'y à l'orgueil de cette Nation, qui ne le céde en vanité à pas une du monde.

Le Florentin, est naturellement méprisant, fort médisant, avare, & grand parasite : les Dames aussi contraintes dans cette Ville qu'elles le sont dans toute l'Italie, y sont galantes & fort légéres ; elles se mettent mal, & marchent de même : sans le Montepulciano j'eusse été mal abreuvé dans cet Etat d'où je sors incessamment pour passer le Mont Appennin. C'est une Montagne prodigieusement élevée qui sépare l'Estrurie d'avec l'El'Etat Ecclésiastique, je serai dans ce païs-là comme dans celui-ci fidélement à vous.

A Florence le 12. Juin 1720

III LETTRE.

JE n'ai pû me rendre de Florence à Bologne, que dans deux jours; après avoir monté en litiére le Mont-Apennin, que j'ai passé avec plus de peine que de danger. J'ai pâti sur cette route dépourvû de tout, & me suis un peu refait à Bologne, où j'ai trouvé une bonne hôtellerie, & une agréable société : les gens de condition font honnêteté aux personnes de qualité qui y passent, & l'on entre aisément dans les assemblées, où les Dames sont dans une grande liberté. Cette Ville est fort grande, distinguée par les Bentivoglio, & autres Seigneurs; & décorée de fort grands Palais, & de belles Maisons Religieuses: les dehors en sont enchantez, & les Plaines que le Po arrose, m'ont offert en chemin faisant ce que je pouvois voir de plus agréable en païsage. J'ai presque brûlé Ferrare où je me suis embarqué pour passer dans le Golfe Adriatique; & me suis trouvé dans moins de trois heures de trajet devant Venise, dont l'aspect est des plus magnifiques. J'ai pris en même tems une Gondole qui m'a porté à l'Hôtel des trois Rois, où je suis logé commodément, & bien traité. J'ai été voir le lendemain de mon arrivée Monsieur le Sénateur Pisani qui m'a donné une personne de confiance pour me conduire, & me faire voir les plus beaux endroits de cette Ville, qui me paroît

paroît parfaitement belle : elle n'eſt pourtant point autant admirée de ceux qui connoiſſent Amſterdam, qu'elle l'eſt des perſonnes qui n'ont pas voyagé en Hollande. J'ai viſité après quelques difficultez que mes Amis ont levées, & pour quelques piéces d'or, l'Arcenal qui eſt d'autant plus rare que c'eſt un Original dont on ne voit point de copie. Je ſuis entré dans pluſieurs Palais, & dans de belles Egliſes ; & je me proméne ſouvent, & avec le même plaiſir ſur la place de Saint Marc qui ne le céde en régularité & en magnificence à pas une du monde : je ne puis auſſi me paſſer d'aller tous les jours dans l'Iſle de Saint George, où l'on voit dans le Couvent des Religieux, qui y ſont richement établis, la repréſentation d'une nôce de Cana qui fut le chef-d'œuvre d'un des meilleurs Peintres de toute l'Italie.

Venise est une grande Ville extrêmement peuplée, où l'on trouve abondamment de tout, & une entiére liberté, en observant exactement de ne s'y point mêler directement ni indirectement de ce qui peut regarder l'Etat & son Gouvernement. On dit qu'il n'est pas moins dangereux d'y jouer, que d'y donner dans le beau Sexe. Au surplus, le Venitien est fin, & fort dissimulé ; aussi humble dans la disette qu'il paroît haut dans la prospérité; & très poli pour l'Etranger qui représente ; il ne donne que rarement à manger, mais il en reçoit volontiers, & fait noblement les honneurs d'un repas qui ne lui coûte rien ; la fine galanterie s'y passe aux Parloirs des Religieuses ; & les Vestales destinées à garder le feu sacré dans leurs vastes Couvents sont aussi Coquétes, & y ont plus d'avantures que les Dames galantes qui pa-

paroissent dans le plus grand monde. J'ai traité avec le Capitaine d'un Vaisseau Anglois pour mon passage à Corfou; j'ai beaucoup d'intérêt à vous pouvoir bien-tôt mander que je suis en bonne santé.

A Venise le 4. Juillet 1700.

IV. LETTRE.

IL y a quinze jours que je suis à Corfou après en avoir mis dix à m'y rendre : le Capitaine qui m'a passé est un jeune Ecossois qui a préféré le Négoce, à une Lieutenance d'Infanterie qu'il avoit dans les Troupes d'Angleterre : il vaut bien mieux que son Vaisseau qui s'est brisé dans le Port le lendemain

demain que nous y avons mouillé. Ce contretems me dérange, & m'oblige de passer à Smirne pour y chercher un Bâtiment qui prenne la route d'Egypte, ou de la Palestine : un honnête Provençal qui a tout l'air de me faire regretter mon Anglois, m'offre son Bâtiment, que je ne puis refuser faute d'un meilleur. J'ai eu le tems de reconnoître cette Isle qui n'est qu'à trois lieues de l'Epire ; à vingt de la Calabre ; & qui ne s'appelle plus Corcyre. Sa Ville Capitale que les Corinthiens ont bâtie, a deux Châteaux ; l'un à l'Occident du côté de la terre ferme, & l'autre à l'entrée du Port dont il défend l'entrée : ni l'un ni l'autre ne valent pas grand' chose, mais ils sont encore assez forts pour arrêter les Turcs qui ne savent point attaquer les Places, & qui les défendent tout aussi mal. Celle-ci
fut

fut autrefois manquée par le Sultan Soliman, & a vû fuir il n'y a pas douze ans l'Armée du Seraskier après avoir fait fa defcente : comme la Ville étoit fans défenfe & dépourvûe de Soldats, & d'Artillerie; on a cru qu'elle devoit fon falut à l'argent que le Capitan Baffa devoit avoir reçû des Venitiens pour s'enfuir avec fa Flotte : la chofe peut être fauffe; mais il eft certain qu'elle a été contée comme je vous l'écris, & que fur ce foupçon bien ou mal fondé, l'Amiral Turc en a perdu fa Charge, & n'a confervé fa tête que par la perte de fes tréfors. Cette Ifle doit avoir dix-huit lieües de tour ; elle eft fort peuplée de Grecs qui ne font pas tous unis, n'y d'une même Communion; les Latins y ont un Archevêque qui foupire après le Chapeau de Cardinal; & les oppofez entretiennent affez mal deux Evêques qui ont acheté leur dignité du Patriarche dont ils relevent. On compte dans le Païs un fort grand nombre de Familles Nobles, dont les Venitiens ne font pas plus de cas que des priviléges qu'ils leur ont autrefois accordez. Les Corfiotes aiment le Jeu ; la Navigation ; les Exercices ; & les Femmes : leurs Campagnes font fertiles & riantes, mais un peu trop chargées de forêts qui ne font pleines que d'Orangers & de Grenadiers. J'ai cherché inutilement fur la foi des Auteurs qui en parlent, les débris d'un Palais où le Roi Alcinous avoit planté ses Jardins délicieux : Homére donne peut-être trop libéralement à ce Prince l'honneur d'une magnifique reception qu'il lui fait faire à Ulisse à son retour de la guerre de Troye : mais fi les Vins qu'on y buvoit dans ces tems-là ne valoient

loient pas mieux que ceux qu'on y fait aujourd'hui, Ulysse & toute sa Cour n'y furent pas bien abreuvez. Le terroir, quoique très abondant, ne peut nourrir, sans le secours de la terre ferme, l'Armée Venitienne qui y passe sept mois de l'année. Les Troupes de Terre, comme celles de la Marine, ne prennent l'ordre que du Provéditeur Général, sous lequel servent en qualité de Lieutenans Généraux, plusieurs Nobles Venitiens qui n'y gâtent point leurs affaires; soit qu'ils imitent en cela Monsieur de Schulembourg, ou que Mr. de Sculembourg les veuille imiter; quoi qu'il en soit; le Général peut avoir quand bon lui semble, sa Statue équestre placée honorablement dans la place du vieux Château, où le Commandant en Chef fait sa résidence. Je vous souhaite de bon cœur dans la vôtre autant de satisfaction que j'en trouve jusques ici dans mon Pélerinage.

A Corfou le 14. d'Août 1720.

V. LETTRE.

Nous sommes partis de Corfou par un assez beau tems; mais nous sçavons été battus d'une grande tempête à trente mille de cette Isle : mon Provençal qui sait son métier, a relâché à Céphalonie pour y radouber son Navire qui avoit perdu son second mât. J'ai passé en Itaque pendant que le Vaisseau se racommodoit à Céphalonie qui n'est pas éloignée : je n'ai trouvé sur cette Isle que des pauvres Bergers peu instruits, comme vous le pouvez juger, de

l'Hisl'Histoire de leur Païs. Itaque qu'on appelle aujourd'hui Lizola di Compare, est entiérement déserte; je n'ai trouvé ni chemin, ni avenue, & n'ai vû que des ronces, & des Buissons fort épais. Si l'Histoire ne nous apprenoit point qu'il y avoit autrefois une Ville, je ne l'eusse assurément pas deviné : ainsi je ne vous puis dire ni où, ni comment pouvoit être situé le Palais d'Ulysse, & de sa Pénélope; en tout cas leur Cour devoit être un peu à l'étroit, pour peu quelle fût nombreuse, l'Isle étant fort petite. Les Vents nous ont encore fort tourmentez à dix mille de Céphalonie; nous avons reconnu la Montagne du Parnasse, & passé fort vite devant le Mont Helicon, pour nous jetter dans la Candie, d'où nous avons gagné la Capitale, après avoir essuyé tous les caprices de la Mer.

L'Isle de Candie qui étoit autrefois le Royaume de Crete, est toûjours fort considérable, & très fertile: j'y ai bu de la Malvoisie, qui m'a paru meilleure que ses Vins qui ne sont bons, ou qu'on ne trouve potables qu'après qu'on est fait à leur goût de terroir. Ce Royaume est situé dans la Méditerranée à l'entrée de l'Archipel: sa Capitale où se tient le Bacha que j'ai été voir avec le Vice-Consul de France, n'est ni ruinée, ni embellie depuis qu'elle a passé sous une autre domination; un Capucin de Paris y vit commodément dans son Hermitage, où il n'est point inquiété; le bon Pére m'a assez fait promener, & m'a montré une espéce de Caverne à demi comblée que les naturels du Païs disent avoir été le Labyrinte de Minos. Je n'ai pas eu le tems d'aller à la Canée, autrefois Si-

Sidon, & nommée par les Grecs la Mére des Villes.

Les Vents nous ont portez dans dix-huit heures de Candie à l'Argentiére petite Isle de l'Archipel aussi pauvre que son unique Bourg est mal propre & mal bâti : il est rempli de femmes & de filles, qui s'y donnent, dit-on, à bon marché, & qui travaillent en toile & en bas de Coton qui ne valent rien: je leur en ai acheté pourtant quelques paires, mais c'est tout le Commerce que j'ai voulu faire avec elles.

Nous sommes venus mouiller de l'Argentiére à Naxie, ou Naxos qui n'en est qu'à douze milles. Monsieur de Raimondi Consul de France m'y a offert sa Maison, que je n'ai pas refusée: il est fils d'un Gentilhomme d'Avignon qui faisant la Course étant Chevalier de Malte, quitta sa croix pour y épouser une fille du Païs. Cette Isle fut autrefois consacrée à Bacchus à cause de la bonté de ses Vins, qui n'ont rien perdu de leur réputation. Les Naxiotes élevérent à cette fausse Divinité un Temple magnifique, dont on voit encore aujourd'hui les débris. L'Archevêque Latin dont l'Eglise n'est pas belle, n'est ni mieux logé, ni guéres mieux renté que ses douze Chanoines; il est vrai que c'est un Païs de Cocagne, où les Jesuïtes & les Capucins paroissent très contens de leurs établissemens. Cette Isle a eu des Ducs particuliers dont un Sommerive avec qui j'ai causé, m'a dit être descendu; il n'y a point de Grec qui ne s'imagine pouvoir tirer son origine de Priam, & de Thesée, ou de quelqu'autre grand Potentat. Nous avons touché de Naxie à Paros, & Antiparos, où j'ai vû l'entrée d'une fameuse

meuse grotte. C'est dans Paros
que le Comte d'Arundel acheta
ces belles tables de marbre sur lesquelles doivent être gravées les
principaux événemens, & les plus
belles époques des Héros de la
Gréce. Il est peu d'Histoire aussi
curieuse à lire que l'est celle des
Grecs : mais comme des Poëtes
l'ont écrite, elle paroît fabuleuse,
il y a pourtant beaucoup de véritez, qu'il est comme impossible de
bien épurer.

De Paros nous avons été prendre terre à Tyne ou Tenos que
que les Venitiens ont perdu depuis
quelques années. La Ville n'est
pas laide & passe pour assez marchande ; on fait dans cette Isle-là
d'assez bonne Malvoisie, les Femmes y brodent assez bien, & font
d'assez beaux bas de soye.

Nous nous sommes rendus de
Tyne à Micone dans moins de
deux

deux heures; j'ai été reçû de la meilleure grace du monde dans la maison Consulaire par Monsieur de Guisi, Consul de France au Miconi. C'est un très honnête homme fort riche pour le Païs, heureux en Femme, en Bru & en Garçon; tout s'empresse chez lui à bien faire les honneurs de sa maison qui ne dèsemplit point.

Cette Isle où je n'ai vû ni antiquité, ni aucune antiquaille, est une des neuf Cyclades, ainsi nommées, parce qu'elles font un espéce de Cercle autour de celle de Délos, où les jeunes gens se rendoient autrefois de tous les coins de la Gréce pour y assister aux fêtes que l'on y célébroit tous les ans. Les Poëtes nous apprennent que les Miconiotes étoient des grands Parasites de leur tems; ils ne le sont pas mal encore aujourd'hui, à ce qu'on dit. Le Bourg
est

est fort peuplé & très mal propre, comme presque tous les autres du Païs. J'y rencontre un assez grand nombre de filles très jolies, & assez bien faites ; mais leur habillement, n'est du tout point avantageux ; d'ailleurs elles se fardent comme toutes les Gréques d'un assez vilain Fard. On y mangeroit délicieusement avec un bon Cuisinier ; car tout y est excellent, & si le Vin qu'on y fait n'est pas exquis, on y en trouve qui vient d'Ecopoli qui me semble admirable. J'ai visité l'Isle de Délos qui s'est crue la plus ancienne après le Déluge d'Ogygés : elle est entierement déserte, & ne montre aucun reste de ses fameux édifices ; tout ce qui la peut rendre présentement célébre ; c'est l'honneur qu'elle a eu d'avoir vû naître Apollon & Diane : Le premiér y avoit un Temple des plus
super-

superbes qui se soient bâtis dans l'Archipel, qui est entre la Macedoine, la Gréce & l'Asie. Je compte au premier jour, prendre congé de mon Hôte, que je regrette d'autant plus que je le laisse en fort mauvaise santé; conservez bien la vôtre qui me sera toûjours bien chére.

Au Miconi le 20. Sept. 1720.

VI.

VI. LETTRE.

JE suis parti de Micone par un assez beau tems, & je suis arrivé dans moins de deux jours à Samos fameuse par les guerres qu'elle a soûtenues dans les Siécles passez, & renommée encore aujourd'hui par la bonté de ses Vins, qui sont jaunes, & trop doux pour moi. On m'a fait voir dans la Ville plus qu'à demi ruïnée, la demeure de l'ancien Tiran qui s'en étoit rendu le maître; le tems n'a pas plus épargné le Palais que ce monstre s'étoit bâti que tous les Edifices de cette Isle; d'où nous avons fait voile vers Chio, que nous avons gagné dans huit heures. Monsieur de Marigni Consul de France m'y loge dans sa Maison, qu'on trouveroit

roit belle à Paris ; il me fait bonne chére, & me donne plusieurs sortes de Vins qui me font oublier ceux de France. Je parcours à mon aise cette Isle qui s'est vû autrefois jusqu'à trente-six Villes dont elle n'a pû conserver que la Capitale qui est agréablement situee : ses environs sont embellis de quantité de Maisons de Campagne bâties par les Génois dans le goût des Bastides de Marseille. Mon hôte me présenta il y a quelques jours au Sultan Selim Kirai ancien Kam des Tartares que le Grand-Seigneur a confiné dans cette Isle après l'avoir dépouillé de ses Etats; sur les plaintes que le Roi de Suéde en fit à la Porte, qui donne à ce Prince pour toute subsistance onze bourses de cinq cens Piastres chacune; outre un Village peu considérable dont il jouit dans la Romelie : le Prince son aîné est en armes dans la Georgie, & les deux au-

autres Sultans, qui n'ont chacun que deux mille piaſtres pour leur entretien vivent ſéparément, dans des Châteaux peu éloignez de cette Ville : je n'ai point vû de ſi beaux hommes que ces deux Princes, qui, quoique fort jeunes, ont quantité d'enfans ; le Chancelier du Conſul qui leur apprend le François dit qu'ils voyageroient volontiers en France, s'ils en avoient la liberté : Monſieur de Marigni qui voit ſouvent le Roi leur pére, dit qu'il eſt bon & libéral, & qu'il connoît aſſez les intérêts des Princes Chrétiens : il m'a fait faire bien des queſtions par ſon Interpréte & après avoir bu du Sorbec & pris le parfum, nous nous ſommes retiré avec auſſi peu de cérémonie que nous y étions entrez, pour aller voir un vénérable Grec de la Maiſon de Grimaldi, dont les Ancêtres du tems des Génois ont été Gouverneurs de cette

cette Isle; ses Péres n'ont jamais dérogé, & de Pére en Fils ont tous été recommandables par leurs vertus: il professe extérieurement la Religion Catholique, & ne suit que la naturelle; vivant dans l'abondance & dans la simplicité de nos Anciens Patriarches: le lieu de sa résidence parfaitement bien situé est aussi fort qu'un Château le peut être dans un Païs où une simple muraille peut donner du soupçon; nous y sommes entrez par une porte qui paroît assez forte, & nous avons traversé une grande & belle avenue, plantée d'Orangers, & de Citroniers qui conduit à sa maison bâtie au milieu d'un vaste enclos. Cet enclos est si grand, qu'il renferme son Verger, ses Vignes, ses Prez, ses Champs, ses Pacages, & ses Réservoirs de poissons. Il nous a fait servir une Collation dans le goût du Païs, & m'a régalé d'un Vin
dont

dont il me promet quelques bouteilles: Il parle bien François, & a une teinture des belles Lettres: en me rendant le même jour ma visite; il ma prié de lui donner un jour avec Monsieur & Madame de Marigni ; nous y avons passé tout un dimanche où nous n'avons parlé que d'Histoire & de Religion, pendant que ses filles dançoient avec leurs Compagnes les Danses du Païs, qui ont de l'agrément, & de la majesté: deux Demoiselles de la Maison de Justiniani bien faites & bien parées ont été de la fête qui m'a parû complette dans une noble simplicité. Nous avons été voir le lendemain de cette fête le Monastére de Néomeni, où il y a cent Caloyers ou Religieux qui ont la régle de saint Basile qu'ils n'ont peut-être jamais lue; ils vivent tous dans leur particulier sous la conduite d'un Abbé dont ils ne s'embarasbarassent point ; & qu'ils changent tous les quatre ans : ils mettent au nombre de leurs Saints, ceux d'entr'eux qui laissent après leur mort une riche dépouille : on dit que leur Trésor qu'ils tiennent enterré, est fort considérable : leurs maisons forment un gros Village au milieu duquel est leur Eglise, fort belle & richement ornée. Les Turs les méprisent, & ne les inquiétent point. Au retour de cette Abbaye nous avons passé par le même chemin que nous avions déja fait le matin : ce sont des petits Vallons séparez les uns des autres par des monticules couverts de plusieurs sortes de fleurs. Nous avons vû les arbres qui portent le Mastic, & nous sommes entrez dans la Vigne d'Homére, où se fait toûjours le meilleur vin qu'on boit dans l'Isle. On trouve à un mille de la même Vigne l'Ecole où ce Poëte donnoit ses leçons ; elle est

est taillée dans le Roc, & n'a rien de beau que le nom de ce grand Homme, que cinq ou six Villes prétendent avoir vû naître. Celle-ci est assez marchande : on y travaille en tapis & en étoffes d'or; mais le Peuple n'y vaut absolument rien ; & quoique les Jésuites, les Jacobins, comme les Péres Capucins, y soient bien établis; ils n'y sont pas toûjours en sureté. C'est sur les Génois que l'Empereur Soliman a fait la conquête de cette Isle, qui peut avoir trente lieues de tour : c'est ainsi du moins qu'on me le dit ; tout ce que je vous puis garantir, c'est qu'on ne peut faire meilleure chére, ni être plus délicieusement abreuvé que je le suis ici ; portez vous toûjours bien, & ne m'oubliez pas.

A Chio le 5. Octobre 1710.

VII. LETTRE.

Nous avons mis trois jours à nous rendre de Scio à Smirne, où je suis depuis deux mois que je n'ai pas mal employez. Cette Ville qui est bâtie en Amphithéâtre sur la pente d'une Colline, est encore assez peuplée, malgré les ravages que la peste y renouvelle tous les ans: on y compte près de cinquante mille Turcs, sept à huit mille Grecs, un peu moins d'Arméniens, quatre ou cinq cens Juifs, & très peu de François, parmi lesquels nos Provençaux, & Languedociens brillent beaucoup: ils y sont mieux logez qu'en Ville de Turquie, & assez bien meublez dans le goût du Païs; leur Consul est un honnête homme, qu'ils estiment, & qu'ils aimeroient
davan-

davantage s'il n'étoit pas marié; les Capucins qui font les Curez de la Ville y ont un beau Couvent & y vivent comme des bons Chanoines. Les Récolets & les Jésuites n'y font pas de même; c'est pourtant à ces derniers que la Jeunesse du Levant doit toute son éducation. Le vieux Château qui pourroit servir de Citadelle, est désert & presque tout ruiné : il est placé sur une hauteur d'où l'on découvre le Port, la Ville, ses beaux Jardins, & ses agréables Campagnes. Une quinzaine de Francs, m'ont accompagné à Ephése qui n'a conservé que la réputation d'avoir été belle ; nous avons traversé pour nous y rendre le plus beau Païs que vous puissiez vous imaginer de voir. Je me suis embarqué à Ephése avec une partie de ma Compagnie pour passer à Athénes : Monsieur de Gaspari Consul de France qui en fait de son mieux les honneurs, nous a fort promenez sur ses ruines. On compte dans Athénes cinq ou six mille Habitans qui vivent du Commerce qui m'y paroît bien languissant. On y trouve les débris d'un Palais de marbre blanc qu'avoit Thesée l'un de ses premiers Rois, & l'on y distingue encore quelques restes de l'Aréopage : le Château qui est presqu'aussi ruiné, est situé sur une petite Coline : nous y avons vû des grands morceaux de marbre blanc sur lesquels sont en bas relief les plus grandes actions des Héros de la Gréce : on compte au bas du même Château cinq ou six Colomnes fort négligées qui doivent être les restes des trois cens qui y furent élevées. Nôtre Hôte nous à fait remarquer ensuite une masure qui, dit-on, fut la demeure de Denis l'Aréopagite ; elle est voisine d'un Temple absolument détruit, que

les

les Athéniens avoient bâti à l'honneur du Dieu qu'ils ne connoissoient point. Le Fanari ou la Lanterne de Démosthéne est des mieux conservée: c'est une petite Tour entourée de six Colonnes canelées: on croit que c'est dans cette même Tour que s'enfermoit cet Orateur pour composer ses Ouvrages: tout cela peut être fort beau, mais il faut avoir bien du respect & du goût pour l'Antiquité, pour en être touché. Je suis revenu à Smirne sans avoir vû les ruines de Troye: cette Ville est si désolée que peu de gens prennent la peine de l'aller visiter. Comme tous les Livres des Grecs confirment & répétent ses malheurs, on ne doit pas douter de la plus grande partie de ce qui en est écrit; il n'y a que du plus ou du moins comme dans tout ce qu'on cherche dans une Antiquité aussi reculée.

La Nation me régale tous les jours,

jours, mais elle aime trop le faste, & la cérémonie: je mange souvent d'un Oiseau qu'on nomme Francolin, que je préférerai toûjours à nos meilleures Perdrix: j'y bois du meilleur Vin que le Païs produit, & m'y divertis à merveille, faites en de même si vous le pouvez.

A Smirne le 3. Decembre 1720.

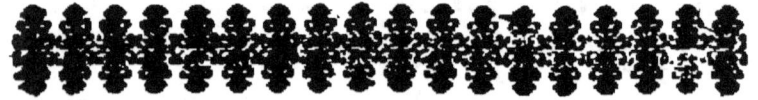

VIII. LETTRE.

JE me suis embarqué à Smirne sur le Vaisseau d'un Capitaine de Toulon, qui avec une capacité reconnue, a de la probité, & de la conversation. Nous avons mouillé à Stanco, où j'ai passé une journée qui m'a paru trop courte. C'est dans cette même Isle de Stanco qui ne s'appelle plus
Cos

Cos que naquirent le Peintre Appelles, & le Médecin Hipocrate, & c'est une des Isles de Gréce où je me plairois d'avantage: l'air y est aussi bon que tout ce qu'on y trouve pour la commodité de la vie: les Turcs y sont affables, & les Naturels du Païs fort aisez. J'ai rencontré dans le quartier des Chrétiens, bien des jolies Chrétiennes, plus proprement habillées, & sans autre parure à la tête que celle de leurs cheveux, bien mieux coeffées qu'elles ne le sont dans l'Archipel, & dans la Natolie, où je n'ai vû que des visages fardez. Un Juif m'a fait entrer dans le Jardin d'un Papas, ou Prêtre Grec, pour m'y montrer un morceau de marbre blanc en quarré, sur lequel est en bas relief Apollon qui attaque & tue en présence de sa Mére Latone Python, selon la Fable, mais réellement un Brigand qui épouvantoit la Phocide. J'ai été

me promener ensuite sous un Sicomore, dont les branches soûtenues par trente six pilliers, couvrent une partie de la Mosquée & de la place, où se tient le Marché. Nous avons démarré de Stanco, & au bout de quinze heures de navigation, nous nous sommes trouvez devant Rhodes. L'entrée du Port de cette Place est défendue par deux Tours qui paroissent anciennes & régulièrement bâties. On voit encore sur l'une de ces Tours les armes de France, & sur l'autre celle du Grand-Maître d'Aubusson; ces dernières paroissent de même sur toutes les Portes, & sur les Bastions de la Ville. Il y a deux jours que je fus visiter avec le Consul de France le grand Visir Ali Bacha, qui après avoir perdu la Bataille de Belgrade s'étoit réfugié en Georgie, d'où il avoit repassé à Constantinople chez un de ses Amis, dans le Serrail duquel le
Grand

Grand-Seigneur l'avoit fait arrêter: mon Drogman, ou Interprête lui a fait un compliment de ma part dans le stile du Païs, & lui a remis mon présent qui consistoit en deux Caisses de Liqueurs, quatre bourses bien travaillées en or, & en argent, & une douzaine de sachets faits à Montpelier, qui ne lui ont pas déplu; il a reçû le tout assez poliment sans me dire grand' chose: il me paroît fier & peu ému de sa situation: un Capigi, comme qui vous diroit un des Prévôts du Grand-Seigneur l'a conduit il y a trois jours dans cette Isle, où il l'a remis entre les mains du Bacha, qui le traite avec un grand respect; il est logé dans le Palais où les grands Maîtres de l'Ordre de Saint Jean de Jérusalem faisoient leur résidence. On voit sur la Porte, & dans la Cour de ce même Palais, les armes des principaux Chefs de cet Ordre, celles de Villiers l'Isle-Adam, des Créqui, des Cominges, des d'Aubuſſon, d'Ailli, de Clermont, de Ligni, & des Pins y ſont bien conſervées. Un Grec, qui paſſe pour ſavant, m'a fait remarquer dans un champ qui eſt fort près de la Ville & de l'Hoſpice des Capucins, une pierre de marbre fort épaiſſe, ſous laquelle il prétend que la belle Héléne fut enterrée après s'être pendue, ou peut-être après que ſes Compagnes l'eurent étranglée. Un vieux Livre, qu'il m'a fait voir ſans me le faire déchifrer, autoriſe ce qu'il m'a dit de la fin tragique de cette fameuſe Avanturiére, ſans décider pourtant ſi ce fut elle qui ſe donna la mort, ou ſi elle la reçût des femmes de ſa ſuite. Les Chrétiens ne peuvent point habiter dans l'enceinte de cette Ville; ils occupent en échange un agréable Fauxbourg, & ils vivent fort tranquilement & dans une grande abondandance. Il n'est guéres d'Isle aussi fertile que l'est celle-ci; mais les Curieux n'y trouveront que peu d'occupation ; ils n'y verront pas le plus petit échantillon de ce prodigieux Colosse dont les Poétes & les Historiens ont si souvent parlé.

Avant que de passer en Egypte, je veux encore vous entretenir de la Gréce dont l'Histoire, quoi qu'écrite par de très habiles gens, est des moins claires, & des moins entendues; sur tout celle des premiers tems, dont les époques sont si merveilleuses que tout en paroît fabuleux. Il est vrai aussi que les Grecs ont écrit plus tard leur Histoire que bien des Nations de l'Orient; ils n'ont sû que par des conjectures & des traditions vrayes ou supposées ce qui s'étoit passé dans leurs premiers établissemens. Ils n'ont pû par conséquent nous donner que des apparences, des fictions, ou des faits dont on ne leur a jamais demandé la garantie. Tout ce que nous tirons de plus vraisemblable de leurs écrits, ce font les roms, la généalogie, & la succession de leurs Rois, avec leurs principales actions : mais dans cette généalogie comme dans tout le reste il n'y a que de la vraisemblance. J'ai porté sur moi leur histoire dès le premier jour que j'ai abordé dans leur Païs; & comme j'ai vécu parmi les plus Savans & avec les plus estimez d'entr'eux, je n'ai assurément pas manqué d'étudier tous les jours ma leçon, pour leur faire bien des questions & en tirer s'il m'étoit possible, des éclaircissemens moins allégoriques, que tout ce qu'Homére a eu la bonté de chanter. Par exemple, je n'en ai guéres vû à qui je n'aye demandé qui pouvoit être Cælus à qui l'on donne la Terre pour femme. Les mêmes m'ont répondu, que les Poétes, ignorant apparemment le vrai nom de leur premier Prin-

ce,

ce, comme celui de leur premiére Reine, avoient jugé à propos de supposer l'un fils du Ciel, & l'autre fille de la Terre. Ils ajoûtoient que les cent mains que l'on prêtoit, ou que l'on donnoit, à un de leurs Enfans, se devoient appliquer au nombre des Soldats qu'il avoit à sa suite. J'ai tiré des éclaircissemens de ces Messieurs tout aussi solides pour les autres faits que pour celui-là: Rien de plus simple, rien de plus vrai que tout ce que je vous marque. L'Histoire des Athéniens est plus claire & mieux suivie que celle des autres Peuples de la Gréce ; quoiqu'elle nous présente des Héros fort éloignez du héroïsme. Nous lisons qu'en Espagne, & sous la seconde Race des Rois de France, la justice des Souverains poursuivit souvent des Héros de cette trempe : ces scélérats n'évitoient les suplices que leur vie criminelle méritoit, qu'en changeant de Contrée ; quelquefois ils se trouvoient les plus forts dans des tems de trouble & de confusion Mais pour revenir aux Athéniens ; quelque bien écrites que soient leurs Chroniques sur les marbres d'Arundel dont je vous ai déja parlé ; il ne laisse pas que d'y avoir bien des vuides d'une époque à une autre, que les Poétes & les Historiens ont rempli comme bon leur a semblé. J'ai dit à quantité de leurs prétendus Savans, tant à Athénes que dans d'autres Villes, qu'ils m'obligeroient de m'apprendre qui étoit, & d'où venoit Cécrops, qu'ils honorent comme leur premier Roi, & que les uns disent être Egyptien, lors que les autres le font venir de Phénicie. Il est certain qu'un Cécrops a regné en Gréce ; qu'il donna de bonnes Loix à ces Peuples ; & qu'il leur apprit en même tems le culte

des

des faux Dieux : mais ils ne savent pas mieux s'il étoit Grec, que s'il a été le premier ou le sixième Roi d'Athénes. Les Sciences sont mortes dans ce Païs ; l'on y trouve malgré tout ce qu'on en veut dire de si pauvres restes de ces édifices dont on nous vante si fort la beauté ; que ce n'est pas la peine de passer les Mers pour s'en instruire soi-même. Les Grecs n'ont apris que des autres Nations les Véritez les plus solides & les plus essentielles : Anaxagore leur enseigna le premier qu'il n'y avoit qu'un seul Dieu qui est celui que nous adorons & que nous devons tous adorer. Pythagore leur assura l'immortalité de l'Ame : c'est dommage qu'il ait confondu cette Vérité dans son Sistême de la transmigration. Ce fut en Egypte qu'il aquit toutes ces connoissances ; d'où l'on peut conclurre qu'il en raporta du bon & du mauvais, aussi bien que Platon qui en-

entreprit le même voyage pour s'inſtruire. Ariſtote bien moins honnête homme que tous ces gens-là, fut auſſi conſulter les Mages : il fit dans leur Païs quelques expériences de Phyſique aux dépens d'Alexandre, qui, malgré tous les biens dont il le combla, n'en put faire qu'un ingrat. La puiſſances des Grecs eût été formidable, ſi la paſſion de dominer, n'eût diviſé ſes plus grandes Républiques, & ſes autres Etats qui ſe ſont détruits ſucceſſivement par eux-mêmes. Enfin toutes ces Villes, dont les Hiſtoriens nous font de ſi magnifiques deſcriptions, ſont abſolument ruinées ; & les connoiſſances que leurs anciens Habitans avoient acquiſes, ſe ſont inſenſiblement perdues pour leur poſtérité. On vit en Gréce dans une ignorance héréditaire : Si tout ce qu'on m'en a dit eſt véritable, il n'y a que très peu de Grecs qui
pour

pour de l'argent n'entreprennent tout ce qu'on peut faire de plus mauvais; cet heureux tempérament se trouve dans les deux Sexes, qui par conséquent n'ont rien à se reprocher : leur mauvaise foi n'est pas moins connue des Turcs que de leurs Voisins : il n'y a que leur Religion que l'on ne connoît pas beaucoup. Il m'a paru cependant qu'ils gardoient bien ou mal le Dimanche ; mais ils célébrent avec un fort grand zéle les Fêtes particuliéres, & n'ont garde de manquer d'assister aux Vêpres, parce qu'à la fin de cet Office on fait dans l'Eglise une ample Colation pour ne point perdre les anciennes coûtumes. Ils se portent dans ces sortes de cérémonies avec toute l'intempérance que vous pouvez attendre d'un Peuple abandonné qui n'a personne pour le secourir. Car outre l'ignorance crasse des Patriarches, de leurs Evêques, & des autres

res personnes constituées en dignitez, dont les premiéres comme les plus petites, s'achétent à l'encan ; c'est que le peu de précaution que prennent ces Prélats pour ne pas découvrir le honteux trafic qu'ils font continellement de leurs Bénéfices, joint au peu de soin qu'ils ont pris de cacher leurs déréglemens & leur sordide avarice; leur ont fait perdre le peu de confiance que l'on pouvoit avoir en eux. Les Grecs Latins ne sont guéres mieux secourus de leurs Prêtres, que des Religieux Mandians François, qui vivent dans leur Mission parfaitement à la Gréque. Si les Jésuites n'éclairoient pas le Levant ; la Religion Chrétienne y seroit bien obscurcie. C'est assez vous parler de la Gréce : si je ne péris en chemin, je vous entretiendrai une autrefois de l'Egypte, où je compte d'arriver dans très peu de jours.

A Rhodes ce 15 Decembre 1720.

IX.

IX. LETTRE.

Nous avons toûjours eu le vent en poupe depuis Rhodes jusques en Alexandrie, où nous sommes passez dans trois jours. Cette Ville doit son premier lustre au Grand Alexandre qui la fit rebâtir, & l'honora de son nom. Les Rois qui l'embellirent successivement, en firent leur Capitale: la Reine Cléopatre acheva de la rendre après Rome la plus considérable de l'Univers : elle est située entre la Mer & un bras du Nil: elle ne montre aujourd'hui que des tristes restes de la magnificence de ses Princes & de la libéralité des Empereurs Romains, qui la distinguérent infiniment. Ses Habitans fourbes, railleurs, & voluptueux, furent vaincus par César qui les atta-

attaquant dans leur Port fit brûler leurs Vaisseaux ; le feu se communiqua à leur fameuse Bibliothéque, consuma les meilleurs Originaux, les plus beaux Manuscrits, & les premiers Livres qu'on eût encore écrits : c'est ainsi que périt le grand trésor qui enrichit tant de Savans. La Tour du Phare qui passoit pour une des merveilles du monde, & qui subsiste encore, n'est guéres en meilleur état que deux petits Châteaux que l'on trouve à l'entrée du Port. Les murailles de la Ville fort basses, & parfaitement négligées ne se sont pas mieux conservées que les cent-vingt Tours qui les défendent. J'ai vû une belle Colonne d'un Granite gris haute de six vingts pieds sans le Chapiteau, posée sur un pied d'estal fort bien travaillé, mais qui se mine insensiblement : elle porte le nom de Pompée sans qu'on en sache positivement la raison:
tout

tout ce que j'en puis apprendre de plus clair, c'est qu'elle ne fut élevée qu'après la Bataille de Pharsale : quoi qu'il en soit c'est un des plus beaux Monumens que nous tenions de l'Antiquité. Des Religieux Grecs occupent le Couvent de Sainte Catherine, où ils montrent le lieu de sa demeure, & celui de son martyre. Ils m'ont fait voir en même tems une Colomne de marbre blanc qui a des veines rougeâtres qu'ils ont voulu que je prisse pour du sang de cette Vierge : je n'ai pas eu la complaisance d'en convenir avec eux, ni de trouver leur Eglise belle, quoiqu'ornée d'une Chaire où St. Marc selon leur tradition doit avoir monté souvent pour annoncer aux Alexandrins les Véritez de l'Evangile. C'est dans cette Abbaye que demeure le Patriarche qui n'est pas en meilleure odeur que les autres. Nous avons passé

sé du Couvent de Sainte Catherine aux deux Aiguilles de Cléopatre qui font inconteftablement deux Obélifques des anciens Egyptiens : l'une eft debout, l'autre à demi enterrée par fa pointe : elles font d'un marbre granite rougeâtre, chargé d'hyéroglifes dont perfonne n'a la clef : elles peuvent bien avoir quatre vingts pieds de hauteur. C'eft entre ces deux Aiguilles que quelques Antiquaires placent le tombeau d'Alexandre, dont on ne voit aucune preuve. On trouve affez près de là une place entourée d'Amphithéâtres que le tems n'a pas plus épargnez que le refte : c'eft fans doute la place où fe donnoient les Jeux Publics. Ce que nous voyons encore du tems de Cléopatre, ne nous perfuade point que cette Reine fut auffi fuperbement logée qu'on veut nous le faire croire : je fuis entré dans une Tour ronde qui

qui en faisoit une partie, où j'ai vû des chambres assez entiéres pour me faire juger que si ce Bâtiment passoit alors pour magnifique, il faloit que la pierre qui n'y est pas épargnée fût bien chére, ou bien rare dans ces tems-là. Il y a aussi quelques Colomnes qui ne sont assurément ni de Marbre, ni de Granite, quoi qu'en disent des Auteurs modernes qui nous donnent des relations des Voyages qu'ils n'ont peut-être faits que dans leurs Cabinets; ou qui parlent plus en Poétes des lieux qu'ils ont effectivement parcourus qu'en Ecrivains fidéles. Après avoir visité les débris du Palais de Cléopatre, nous avons été sur le vieux Port, qui est sans contredit un des meilleurs & des plus beaux que la Nature ait faits. Mais les Chrétiens n'en peuvent profiter; les Turcs ne permettent point qu'aucun de nos Vaisseaux y mouille. Nous avons tra-

traversé pour nous rendre à ce Port, toute la nouvelle Ville qui n'est ni belle, ni bien bâtie; à l'exception d'une Mosquée, & de l'Oquelle où loge le Consul de France. Ces Oquelles qu'habitent nos Négocians, sont comme des grands Corps de Cazernes d'Officiers, séparez ou détachez des Maisons que les Turcs occupent. Une grande & vaste Place aussi peu pavée que le sont les rues des Villes de Turquie, sépare la nouvelle Ville d'avec la vieille qui est misérable. Un Corps de Cavalerie de trois mille Arabes, campoit il y a deux jours sur cette même Place que l'on nomme le Plan: je me suis promené dans leur Camp, & me suis mêlé avec eux comme si j'eusse été parmi nos Troupes: celles-ci ne m'ont paru ni belles ni bien exercées. Je remarque dans les Portes de l'ancienne Alexandrie quelque chose d'assez particulier; c'est que

que le fer dont ces Portes étoient revêtues est presque tout mangé, & que le bois que l'on dit être de Gemesse est très bien conservé. Toute l'eau que l'on boit ici vient du Nil par des Canaux nommez *Kalis*, qui la conduisent dans des Citernes sous les ruines de l'ancienne Ville : quoique cette eau ne paroisse pas fort claire, l'on n'en boit pas de plus saine.

J'ai fait un voyage dans le Delta depuis ma premiére arrivée à Alexandrie; d'où je suis venu à Rossete dans une Chaise que l'on m'a prêtée. Rossete nouvellement bâtie sur les bords du Nil, est la plus riante Ville d'Egypte : on n'y voit aucune Antiquité ; mais on y trouve des Colonnes & d'assez beaux morceaux de Porphire. Le Sardat ou Sous-Bachi que je fus visiter, & à qui j'ai présenté une Caisse de Liqueurs, (car il ne faut pas aller chez les Turcs les mains vuides,)

des,) m'a régalé à la maniére du Païs dans un de ses Jardins. Messieurs les Musulmans y ont bu du Vin aussi librement que nous le pouvons faire.

J'ai pris à Rossete un petit Bâtiment Turc pour me porter à Damiette: j'ai été quinze heures sur le Nil pour faire ce trajet plus agréable que pénible. Damiette ou la Tamiatis des Anciens est des mieux située: elle paroît plus belle quand on s'en éloigne que quand on s'en approche: le Peuple qui l'habite est le plus grossier & le plus barbare que l'on trouve dans le Levant. Comme les Janissaires y ont un grand pouvoir, celui que j'avois mené d'Alexandrie pour être mon Sauve-garde, m'a servi à souhait, m'a fait trouver aisément tout ce qui me manquoit pour faire commodément mon Voyage; & m'a logé chez un de ses parens dont j'ai été fort content: j'ai preféré

féré ce logement à l'Hospice des Péres de Saint François chez qui logent la plûpart de nos Voyageurs. On appelle ces Religieux les Péres de la Terre Sainte, parce qu'ils en sont les Aumôniers & les Pasteurs: si vous connoissiez ces honnêtes Pasteurs, vous auriez bien mauvaise opinion du Troupeau qu'ils conduisent. Pendant les deux jours que j'ai séjourné à Damiette, j'ai été me promener sur les ruines de l'ancienne Peluse, où l'on ne trouve aucun reste de ses antiques Monumens. Mais Damiette n'en montre pas davantage: les Barbares brûlérent & détruisirent entiérement cette derniére; après que le Roi Saint Louis qui en avoit fait aisément la conquête, l'eût remise entre les mains de ces Infidelles pour une partie du prix de sa rançon: la peur qu'ils eurent que les Chrétiens ne la reprissent, fut la cause de sa destruction. Les Soudans d'Egype contribuérent à son rétablissement sans en relever les murailles environ cent dix ans après qu'elle eût été brûlée. J'ai parcouru le haut & le bas Delta: ce sont des petites Isles que forme le Nil aussi bien qu'une infinité de Canaux que ce fleuve remplit tous les ans après avoir lavé le Grand-Caire. Un Juif qui me servoit d'Interpréte, & qui sait assez bien l'histoire; m'a conduit à l'endroit où le Roi Saint Louis fut fait prisonnier; vis à vis la Ville de la Masoure où Mazoura où périt le Comte d'Artois son frére avec l'élite de la Noblesse Françoise, malgré toutes les belles choses que les Auteurs de cette Sainte Croisade avoient prédites à ce Prince. Dans ma course qui a duré près de vingt & huit jours, j'ai fait une exacte visite des lieux qui subsistent encore, & de ceux qu'on ne reconnoît qu'avec peine:

ne : j'ai commencé par la Mafoure qui n'a que des mauvaifes mazures. Les ruines de la Ville de Bufiris font affez curieufes : un Barbare qui n'en a que le nom, & qui paffe pour le meilleur Antiquaire du Canton, m'a fait remarquer des groffes Colonnes de marbre prefque toutes enterrées fous de gros monceaux de pierres: ce font les débris d'un fameux Temple que les Egyptiens avoient confacré à la Déeffe Ifis femme d'Ofiris, ou Adonis, qui fignifie Seigneur. C'eft un des premiers Rois & des plus fages qui ayent gouverné l'Egypte : Ce Prince leur apprit l'Agriculture, & fit défricher fon Royaume. Ifis en même tems leur donna la connoiffance de plufieurs Arts, & anima comme le Roi fon époux la reconnoiffance de leurs Peuples, qui leur accordérent après leur mort les honneurs divins. Le Roi fut ré sous la forme d'Apis ou de Sérapis ; & la Reine fut honorée comme une Déesse, dont on célébroit tous les ans la fête avec toute la solemnité possible. Mon Juif & mon autre Savant m'ont fait voir près du lieu où étoit le Temple d'Isis, un tombeau de pierre grisâtre, couvert d'un marbre noir, sur lequel on distingue la forme d'un Bœuf, autour duquel est écrit en langue que je n'entens point, *La terre est à moi.* Ces mots, selon eux, devoient être la devise du Roi Osiris qu'ils soûtiennent enterré sous cette même pierre : il y a plus de conjecture que de vrai dans ce qu'ils m'ont dit à l'occasion de ce Tombeau : car tous les Auteurs marquent positivement, que ce Roi fut enterré dans l'Isle d'Abatos, célébre par la sépulture de ce Prince. J'ai passé sur les ruines de la Ville d'Onion, fameuse par le Temple des Juifs qui a duré trois cens quarante & trois ans : elle est bien plus detruite que celle de Bubaste, où j'ai trouvé de beaux restes du magnifique Temple de Diane. Tanis, Abaris, Thyphon, F...aria, Cassius où Pompée fut assassiné, sont dans un pitoyable état, aussi bien que le Château de cette derniére Ville que l'on trouve sur le bord de la Mer, autant détruit que le Temple de Jupiter Cassien qui n'en est éloigné que d'une lieue. J'ai vû dans ce même quartier la Tombe où furent mises les entrailles du Roi Baudouin frére de Godefroi de Jérusalem. Le Château de Thebatum dont saint Jérôme fait mention n'est plus rien; & les Villes de Palafa, de Thou, de Pharbætus, & de Phacussa anciennement des Evêchez ne sont pas grand' chose. C'est dans ces quartiers-là que le Roi Baudouin s'est fait renommer par plus d'un exploit.

ploit. J'ai été encore à la piste de bien d'autres Monumens fameux & dont on ne parle plus que dans les Histoires Egyptiennes, Grecques, Romaines, Juives, même Françoises. J'ai parcouru le Lac de la Charquié qui porte le nom de cette Province qui est à l'Orient de Damiette : j'ai soupçonné, sans que mes Antiquaires s'y soient opposez, que ce Lac de la Charquié ou de Barathrune pourroit bien être le même Lac Syrbon qui a fait périr plusieurs armées, selon le rapport de Strabon & de Diodore. J'ai fait corrompre par mes guides les Gardes qui en défendent les approches : ce sont de grossiers Arabes dont l'infatuation pour les trésors cachez, l'ignorance, & la superstition, sont plus à craindre que leurs lances & leurs sabres. Les Cophtes qui sont répandus dans ces Cantons, comme dans le reste de l'El'Egypte, m'ont comblé d'honneurs & d'amitié : cinq ou six de ces bonnes gens m'ont conduit à un autre Lac qui n'est presque point connu : il est d'eau douce & éloigné de moins de quatre journées du Grand Caire : il dure plus d'une journée, & son extrêmité aboutit assez près de Suez. C'est ce Lac qui a succédé à l'ancien Canal Ptolomæus qui du Nil arrivoit jusques à Suez; & que la succession des tems jointe à la négligence des Turcs, a laissé combler en partie : il est bordé en Eté de deux immenses prairies, couvertes de Moutons, de Chévres, & de Bufles à milliers : le Nil lui porte tous les ans de l'eau nouvelle, qui le fait croître de plus d'une lieue même de deux de largeur : l'eau venant à diminuer au Printems & en Eté, laisse à sa place les Prairies dont je vous parle, & reserre le Lac dans des bornes de cinq cens pas de large : je voudrois bien l'avoir vû dans cet état. On a pêché devant moi ; nos pêcheurs ont pris en une heure plusieurs charges de Poissons ; c'etoit sur le Midi, mais la nuit, sur tout dans la belle saison, c'est bien autre chose ; la pêche y est d'une abondance à fournir de poisson une infinité de Villages. Ce précieux Lac est dans un beau Vallon que l'on nomme Cheib : à l'entrée des Montagnes de sable qui terminent les Provinces de Charquié & de Calioubé ; les Arabes qui les habitent se nomment Elaid : Je les ai trouvez fort humains, malgré tous les portraits affreux que l'on m'en avoit faits. Quand je n'aurois vû, que le Lac & le Valon de Cheib ; soit pour l'antique ou pour le moderne ; je ne regréterois point la peine, & & la dépense de mon voyage. Je suis de retour en Alexandrie où je me repose depuis huit jours : j'ai retrou-

retrouvé cette Ville tout aussi ruinée, & aussi triste que je l'avois laissée. Comme j'avois négligé de voir les Cellules où les Septantes s'assemblérent pour donner en Grec la traduction de la Bible qui avant ce tems-là n'étoit écrite qu'en Langue Hébraique, j'ai été réparer la chose que les gens de bien prennent en ce païs-là pour un mépris de nôtre part. Je compte dans quelques jours de monter au Grand Caire, d'où j'aurai, selon les apparences, bien de belles choses à vous mander: je vais, en attendant, vous parler du Commerce qui diminue à vûe d'œil dans cette Echelle comme dans toutes les autres. La quantité de Vaisseaux étrangers qui trafiquent continuellement sous nôtre Pavillon dans les Mers du Levant, & l'avarice jointe au peu de capacité de nos Consuls en sont les premiéres causes. A voir la plûpart de ces ignobles Magiſtrats, qui ne croiroit que l'on affecte de confier leurs emplois (fort honnêtes d'eux-mêmes & très lucratifs,) à tout ce qu'il y a de plus craſſeux, & de moins digne dans la Nation?

Il ſeroit difficile de vous donner une idée fine du Commerce d'Egypte : les révolutions auxquelles ſont ſujettes les Marchandiſes d'Europe, qu'on y conſume de même que celles qu'on en tire, ne le permettent point. Je vais cependant commencer par la maniére dont ſe tiennent les Ecritures. L'uſage veut qu'on les faſſe en Piaſtres courantes, de trente trois Medins l'une, laquelle pourtant eſt imaginaire, n'ayant point cours dans le Commerce & ne ſervant que dans les écritures : les eſpéces qui ont le plus de cours dans le commerce ſont les Piaſtres d'Eſpagne, Mexicaines, & Coulonnes,

les

les Sequins Genzerlis qu'on bat dans le Païs, les Medins, ou Paras; & les Forles; huit Forles font un Medin: le cours de la Piastre d'Espagne est réglé par le titre du Prince à soixante Medins, le Sequin Genzerlis à cent sept: mais on trouve quelquefois à changer tant la Piastre, que le Sequin au dessus du prix fixé par le Prince: ce que l'on attribue ordinairement ou à l'abondance des Medins qui se trouvent dans le Païs ou bien souvent à leur matiére qui n'est ni belle ni bonne.

L'on peut regarder les Pistoles d'Espagne, & les Crusades de Portugal comme une Marchandise: ces matiéres haussant & baissant à proportion qu'on en manque à la monoye, n'ayant d'ailleurs aucun cours dans le Commerce: l'on ne s'en sert que pour les refondre, & les convertir en Sequins: les Pistoles valent ordinairement deux cens cinquante Paras, & les Crusades de Portugal environ quatre cens soixante.

Les Marchandises d'Europe qu'on consume dans le Païs consistent principalement, en Draperies de France & d'Angleterre, en Laitonneries, Etain, Cochenille, Gerofle, Fil de fer, Feuilles de fer blanc, Corail, Noix-muscade, Epica Seltica & Papier : le prix de ces Marchandises n'est jamais fixé. Les Marchandises du cru du Païs consistent en cuirs de toute qualité, en quantité de Toiles moitié coton, moitié fil, & en beaucoup de Maugrebines; mais ce Commerce est de peu de ressource. On fabrique des boures de fil au Caire qui valent à ce qu'on m'a dit un tiers de Piastre de Réaux la piéce : On en fait d'autres à Damiette ourdis de quelques rayes de Soye qui valent environ le double.

On trouve encore dans le Païs, les

les Cotons filez dont on ordonne l'achat du Caire à Roſſete & à Alexandrie on trouve le Sel armoniac.

On tire du Hyéman par la voye de Gedda, le Caffé que nous achetons au Caire, que l'on ne peut faire ſortir aujourd'hui qu'en contrebande : on fait venir auſſi par la voye de Gedda, les Encens, la Myrre, l'Aloes, le Crurioma, la Coque du Levant, & autres Drogues, que je ne connois pas plus que d'autres qui ne ſont d'aucune utilité en Europe : la Gomme Arabique, la Gomme Turique, les Tamarandi & les dents d'Eléphant ſont aportées à nos Marchands par des Caravanes de Négres qui confinent à l'Ethiopie : le Séné, & le Safran ſont auſſi du cru du Païs : ce ſont des Marchandiſes de recolte; celle du Safran commence dans le mois de Juin, & le Séné dans tout le cours de l'année.

C'eſt

C'eſt tout ce que je découvre au plus juſte du Commerce du Levant : j'entrerai s'il m'eſt poſſible dans tous les autres détails, tant pour ſatisfaire vôtre curioſité que pour contenter la mienne.

A Alexandrie le 6. Février, 1721.

X. LETTRE

IL y a près de trois ſemaines que je ſuis arrivé au Grand Caire, où je n'ai pas eu le tems de m'ennuyer. J'ai paſſé d'Alexandrie à Roſſete, ſur un Germe qui eſt un petit Bâtiment plat & découvert : on dit que le trajet eſt aſſez périlleux ; mais j'ai traverſé fort heureuſement les Boucas qui ſont les entrées du Nil. L'embouchure de ce fleuve eſt plus curieuſe à voir que deux Châteaux qui furent bâtis

tis pour la défendre & qui sont sans défense. De ces Châteaux j'ai côtoyé la Campagne, & les Jardins des dehors de Rossete dont le païsage est très agréable. En arrivant à Rossete j'ai pris un Mage qui est un autre bâtiment du Païs sur lequel j'ai remonté le Nil dont les bords n'ont rien de remarquable : tout y est presque desert d'un côté ; de l'autre le terrain qui est chargé de beaucoup de Palmiers, & de Theberynthes m'en paroît assez cultivé. On passe à la pointe de l'Isle qui fait le Delta, où on laisse un bras du Nil qui va à Damiette : c'est le même chemin que j'avois fait en allant & en revenant de la Charquié. J'ai eu sur mon Bâtiment l'Abbé d'un petit Monastére Grec qu'on dit être fort savant, qui je crois, ne portoit point de Bréviaire, mais il avoit en échange un Homére bien usé, & un Quinte-Curse tout neuf; ce qui m'a m'a fait juger qu'il se servoit du premier, & qu'il faisoit peu de cas de l'autre : aussi prétendoit-il, & il s'offroit même de le prouver par de bons Manuscrits, que Quinte Curse n'a donné qu'un Roman de la Vie d'Alexandre : que par exemple il éléve ce Prince dans des occasions, & qu'il le dégrade d'une certaine façon dans d'autres qui sont également supposées. Il veut qu'Alexandre ait eu pour Pére le Mage Necténabo qui après avoir regné quelque tems en Egypte s'étoit réfugié à la Cour du Roi Philipe, où il s'étoit rendu amoureux d'Olimpias, qui le traita en bonne Princesse, comme elle l'étoit effectivement.

Je me suis débarqué avec mon Savant que j'ai quitté à Boulac, Bourg très-considérable : il n'est éloigné que d'une demie lieue du Caire, où je suis entré par le Pont d'un Canal qu'on appelle Kalis :

ce Canal ne se remplit que de l'eau que le Nil veut bien lui fournir tous les ans. J'ai traversé pour me rendre au quartier des Francs huit ou dix rues fort longues & fort étroites, qu'on dit être toûjours remplies d'une grande foule de Peuple continuellement en mouvement: nos Négocians n'y sont ni commodément ni proprement logez; mais le Consul de France y occupe une assez grande maison: c'est Monsieur le Maire qui est pourvû de cet emploi qu'il exerce avec plus d'honneur que de profit; quoique sa charge soit fort bonne: mais le bon homme qui n'est pas trop heureux en enfans, est pillé par toute sa famille.

Il y a peu de grande Ville aussi triste, & aussi mal propre que l'est celle-ci: si elle étoit belle du tems que les Soudans d'Egypte y faisoient leur demeure, elle est bien différente aujourd'hui de ce qu'elle

le devoit être dans ces tems-là. Ses environs sont fort étendus ; mais le Caire bien examiné dans sa juste enceinte, n'est guéres plus grand que Paris : on suppute qu'il s'y peut trouver près de cinq millions d'habitans, on y compte deux mille Mosquées, les dehors de la principale me paroissent magnifiques. Le Négoce y diminue tous les jours, parce que nous tirons des Indes les denrées que nous ne cherchions autrefois que dans ses Magasins. Le Château où le Bacha fait sa résidence quoique très négligé, est encore assez beau ; le peu de Peinture & d'Architecture qu'on y remarque, montrent un bel échantillon de la magnificence des Princes qui l'ont bâti : la vûe de ce Château qui regne sur la Ville, sur le Nil & sur la Campagne, est incomparable : bien des Egyptiens croyent, sans le témoignage d'aucune tradition écrite
que

que le Château dont je vous parle étoit le Palais de Joseph; on y montre ses greniers, & la sale où l'on veut qu'il ait donné ses audiences : mais comme les commencemens du Caire qui certainement n'ont été bâtis que des ruines de la Ville de Babylone, même d'une partie de celle de Memphis, sont beaucoup moins anciens que ce Patriarche; j'ai prié Messieurs les Habitans du Grand Caire de trouver bon que je ne prenne point Joseph pour le Fondateur de leur principal édifice : ce qu'il y a de vrai c'est que le Puits qui porte le nom de ce Saint Patriarche mérite d'être vû; il est creusé dans le roc, & peut avoir quarante toises de profondeur : son ouverture qui en a quatre en quarré, continue de la même grandeur jusqu'au fond. On y descend par un escalier de neuf à dix pieds de large; les marches en sont si commodes que les
bœufs

bœufs les descendent, & les montent fort aisément : la forme de ce Puits est quarrée, on s'y proméne tout au tour : dans le tour qu'on fait des quatre façades, on trouve deux ouvertures sur chacune qui donnent du jour à l'escalier : on ne peut descendre que jusqu'à la moitié du puits, où l'on trouve des bœufs qui tirent de l'eau pour la jetter dans un réservoir, duquel d'autres bœufs qui sont en haut font monter la même eau dans un autre réservoir pour la distribuer.

J'ai été voir les Pyramides bâties à quatre lieues du Caire, & à une demie du Nil, par les anciens Rois d'Égypte. Ces Edifices furent mis au nombre des merveilles du monde. Hérodote & plusieurs autres Auteurs écrivent que deux cens vingt mille hommes travaillérent à la premiére durant vingt années, par ordre du Roi Chæmis ou Chresomis. Chaque

que face de son quarré par le bas est de plus de deux cens toises, & sa hauteur de huit cens pieds. La seconde qu'on croit avoir été bâtie par les soins du Roi Chæops Prince qui fut indigne du trône n'est pas si considérable ; & la troisième que l'on attribue à la Courtisane Rodope, sans pouvoir l'assurer, est un diminutif des deux autres. On ne peut entrer que dans la premiére ; parce que le Roi qui l'avoit fait bâtir n'ayant pas été jugé digne des honneurs de la sépulture, n'y fut point enterré ; par cette même raison l'entrée n'en a point été fermée : j'ai craint d'étouffer dans ce terrible Labirinthe, où je me suis bien promis de ne rentrer jamais de ma vie ; on y grimpe avec beaucoup de peine, & assez d'apparence de s'y casser le cou si l'on fait un faux pas. On y trouve après bien des difficultez une chambre de douze pas de longueur,
de

de six de l'arge, & d'environ vingt pieds de haut; neuf pierres larges de quatre pieds chacune, qui couvrent cette chambre, s'appuyent sur deux murs dont les murailles en dedans sont d'un marbre granite noir parfaitement poli, & merveilleusement employé; dans le fond de cette chambre on voit un tombeau dans lequel il n'y a rien; il est long en dedans de sept pieds, il en a trois de large, près de quatre de haut & cinq pouces d'épaisseur: il est d'une pierre grisâtre approchante du Porphire sans être rouge; & la pierre qui est fort dure raisonne comme une cloche quand on frape dessus. Au surplus, Monsieur. il n'y a point de Potentat en Europe qui ne pût immortaliser son nom par de semblables Edifices, s'il étoit malheusement infatué des mêmes principes où étoient les Egyptiens. Pour les Mumies ou Momies, comme il vous

vous plaira les nommer, telles qu'on les trouve dans le desert, je suis très persuadé que le moindre Pharmacien qui sauroit son métier, pourroit s'aquiter aussi bien que les anciens de vuider un corps après sa mort, de l'emplâtrer, de le remplir de gomme & de parfums, & de le serrer avec une si grande quantité de bandages, que l'air n'y pouvant entrer l'accès en seroit interdit à la corruption. Nous avons repassé des Pyramides par Gyzipe, où j'ai inutilement cherché le Sepulchre du Prophéte Jérémie. On fait dans ce gros Bourg un grand commerce de Lin, de Safran, & de Peaux de Bufles: on y passe le Nil en Bateau pour se rendre à Memphis, où l'on ne voit aucun reste de la grandeur des Pharaons: cette Ville est si absolument détruite qu'on douteroit de sa fondation, si les meilleurs Auteurs ne nous l'aprenoient.

La Babilone d'Egypte qui fut bâtie vis-à-vis d'elle ne s'est pas mieux conservée: un mauvais Antiquaire vouloit fort que je crusse qu'une vieille mazure, qu'il nous a fait remarquer, étoit la maison où Saint Pierre doit avoir écrit sa premiére Epître.

Avant que de rentrer dans Memphis, j'ai passé par un chemin creux, qu'on traverse en Bateau quand il est plein d'eau : c'est alors un ruisseau qui fut le prétendu Fleuve de la Fable de Caron, qu'on disoit le Nocher d'un Bateau qu'on appelloit Baris, & dans lequel on passoit de Memphis pour aller enterrer dans une espéce de bocage les morts de considération; dont on remplissoit la bouche, selon les facultez de leurs héritiers, de plusieurs piéces de monoye. On fait au Grand-Caire de beaux tapis : les autres Manufactures n'y fabriquent presque rien qui soit de prix:

prix: le Pére Sicard Missionnaire Jésuite y est extrêmement considéré; C'est un des plus savans Religieux qui depuis long-tems ait éclairé le Levant: il n'est pas mieux logé dans sa maison que les Capucins & les Recolets le sont dans leurs Hospices: mais tous les Religieux y sont d'ailleurs fort au large. Je visite souvent un Emir qui de tous les Seigneurs Arabes est le mieux fait & le plus honorable: il m'a régalé à sa Campagne aussi bien qu'à la Ville, & n'a pas moins été content de mes liqueurs que je l'ai été de son vin de Chypre & de Castrevan dont il boit prodigieusement: il est aussi bien logé, & aussi richement meublé qu'on peut l'être en Turquie: il entretient trois mille hommes, cinquante femmes, ou maîtresses, & une grande quantité d'Esclaves: il y a quatre jours que je l'accompagnai au Camp d'un autre Emir

qui le reçut avec beaucoup de cérémonie ; nous y avons séjourné deux jours qui m'ont paru fort courts. La vie de ces Emirs, & de leurs Sujets est des plus singuliéres : les premiers sont des Seigneurs fort puissans, ou de la plus grande qualité, qui entretiennent autant de Chevaux, & de Cavaliers que leurs forces le leur permettent ; le gros de leurs Troupes campe continuellement pour être à la piste des Caravanes qui vont à la Mecque, ou en Perse, ou qui en reviennent. Ces Emirs pour la plûpart sont payez pour escorter ces sortes de Caravanes, que les autres ne manquent jamais d'attaquer, & de piller sans quartier, quand ils s'en rendent les maîtres : de quelque maniére que les choses tournent, ils en tirent toûjours parti : & à la fin de leur Campagne ils se vont reposer à l'ombre de leurs lauriers dans les Villes de
leurs

leurs résidences, où ils n'entrent que bien armez & bien escortez; car ils sont bien moins en sureté dans leurs Serrails que par tout ailleurs. Celui dont je vous parle est souvent aux prises avec le Bacha du Caire qui ne cesse de le harceler & de lui tendre des embuches, d'où jamais il ne se retireroit qu'il ne lui en coutât ses trésors ou la vie, si malheureusement il se laissoit surprendre: il fait pourtant sa Cour au Bacha, & monte assez réguliérement au Château; mais il va si bien accompagné qu'il est comme sûr de n'être pas enlevé; non plus que les autres Emirs qui prennent les mêmes précautions étant dans les mêmes allarmes. Leur Cavalerie légére court la contrée, & dévalise humainement les passans; mais quoi-qu'ils ne subsistent que de vol & de rapine, il n'est point de Peuple qui exerce l'hospitalité té avec tant de générosité, & plus fidélement que les Arabes: tout Voyageur de quelque Nation qu'il puisse être qui se livre à eux, ou qui les visite, s'y trouve en sureté; on le régale tour à tour; on le voit avec plaisir; & ils ne s'en séparent qu'avec peine.

Il ne pleut que fort rarement en Egypte: aussi la terre qui rapporte beaucoup, ne doit la fécondité qu'au débordement du Nil qui l'arrose régulièrement en Eté tous les ans. Ce Fleuve n'est pourtant pas toûjours également libéral de ses eaux; les Habitans du Païs remarquent que leurs terres sont plus ou moins fécondes, selon que le fleuve est beaucoup ou médiocrement débordé. On mange au Caire des bonnes Figues & d'excellentes Pastégues qui sont des Melons d'eau: les autres Fruits n'y réussissent point aussi-bien: les Jardins y sont pleins d'Orangers & de gros
Arbres

Arbres qui portent la Casse: on y trouve d'assez belles fleurs, mais tout y est en confusion & planté à la Turque sans goût & sans aucun dessein. La Campagne est couververte d'un jonc dont les Anciens faisoient le papier; ce papier est fait de l'écorce de ce jonc découpé en bandes collées en croix les unes sur les autres; c'est de ce même papier que sont faits les seuls Livres des Egyptiens que nous pouvons le mieux déchiffrer. Le bois est fort rare en Egypte: le vin l'est encore davantage; mais on ne laisseroit pas que d'y vivre agréablement si l'air n'y étoit pas infecté. On peut tirer du Païs du Blé, du Ris, des Dates, du Sucre, de la Casse, du Sené, des Cuirs, du Safran, du Lin, de la Toile, du Caffé, & d'un excellent Baume qui appauvriroit bien des Médecins, s'il étoit moins cher & moins rare.

Quoique les Egyptiens n'ayent

pas eu pour la guerre d'auſſi grands hommes que Rome & la Gréce en peuvent avoir nourris ; on n'ignore point qu'ils ont tiré du ſein de leur Patrie des Généraux illuſtres. Ces mêmes Peuples ſont aujourd'hui ce qu'ils étoient autrefois, c'eſt-à-dire adroits, ingénieux, agréables, courageux, mais extrêmement pareſſeux, & d'une ſuperſtition étonnante. C'eſt dans leur Païs que les Sciences ont le plus fleuri : Homére, Lycurgue, Solon, Platon, Pythagore, Démocrite, Eudoxe, Ariſtote & tant d'autres des Nations les plus reculées entreprirent le Voyage d'Egypte pour conſulter les Prêtres du Païs qui poſſédoient ſeuls les Sciences contemplatives : ils enſeignoient en même tems l'Arithmétique, & la Géométrie dont ils faiſoient leur plus chére application : d'autres Savans donnoient dans l'Aſtronomie, dans l'Aſtrologie,

logie, dans la Musique, & dans la Médecine; c'est-à-dire dans la connoissance des Simples: aussi s'estimoient-ils les Inventeurs de toutes les Sciences. Les années n'étoient que Lunaires chez les anciens Egyptiens; elles furent ensuite de deux mois; puis de quatre; ce qui embrouille toutes les supputations que nous voulons faire de la longueur, ou de la briéveté des regnes de leurs premiers Rois: je ne doute point que ceux qui soûtenoient que la Monarchie des Egyptiens avoit duré treize mille ans ne les ayent comptez par ces sortes d'années.

Ce qui me paroît de plus clair, c'est que les Egyptiens se croyent les premiers & les plus anciens de tous les Peuples, avec assez de fondement, & si les Phéniciens n'avoient pas inventé l'Ecriture, les Egyptiens auroient la gloire d'être les Auteurs ou les Péres des Arts les plus utiles. Ces derniers avoient deux sortes de Lettres; les Sacrées & les Vulgaires: les Sacrées étoient des Sculptures & des Figures fort extraordinaires, que les Auteurs ont nommées Hyérogliphes: ils les faisoient tailler sur des pierres, sur des obélisques, ou sur des pyramides, où ces prétendues Figures Sacrées représentoient les principaux Dogmes de leur Théologie & de leur Science Politique & Morale: mais ils ont toûjours fait un si grand mistére de cette Science Hyéroglifique, que Pythagore comme bien d'autres Philosophes, l'ont étudiée sans y avoir compris grand' chose.

Il y a près de cinquante Familles en Egypte qui ne connoissent que la Loi naturelle, qu'ils appellent la Loi de Dieu; parce que le Créateur l'a donna, disent-ils, à Abraham, dont ils prétendent être descendus. Ce sont les seuls Savans

Savans que l'on trouve dans le Levant, où ils sont extrêmement honnorez: ils y ménent une vie douce & tranquille; ne voyagent ni ne trafiquent en négociant; ils savent la Musique, & la Médecine; donnent avec succès dans l'Astronomie; ils ont leurs heures pour la speculation, & pour le travail manuel, qu'ils employent de leur mieux; leurs femmes & leurs filles peu oisives de leur côté, font des ouvrages en broderie qui sont toûjours arrhez pour les Sultanes: ils ne prennent point de femmes étrangeres, c'est-à-dire qui ne soit de leurs familles; aussi n'est-ce qu'un même sang & le même intérêt: personne n'exerce l'hospitalité avec autant de grace que ces bonnes gens, qui n'ont jamais varié, disent-ils, dans leurs principes, & dans leurs sentimens: ils lisent continuellement les Livres Saints qui renferment l'Histoire de la Création du Monde ; c'est sur ce même livre, selon eux, que Moyse se régla pour composer la Genése : cette Histoire Sacrée n'est pas si étendue que la leur ; c'est aussi le plus grand reproche qu'ils fassent à ce sujet au Legislateur, prétendant que n'ayant point vû d'autres titres que les leurs, il ne devoit en rien retrancher, encore moins y ajoûter des faits qu'ils croyent si absolument supposez qu'ils appellent l'Histoire du Vieux Testament, le Roman Mistique de Moyse : ils soûtiennent qu'il est le seul qui puisse avoir imaginé la chute des Anges, laquelle avant qu'il en eût parlé n'étoit pas plus connue que l'éloquence du Serpent : qu'Abraham qui savoit d'original l'Histoire de sa Famille & qui en instruisit ses Enfans ne leur parla ni du complot des Anges, ni de leur condamnation : que Jacob & sa postérité

rité également informée de ce qui s'étoit passé avant eux, n'ont pas dit un seul mot de la légéreté de la premiére Femme: ils veulent en un mot que rien ne leur soit échapé de ce qui s'est passé dans le premier âge du monde; d'autant mieux que leur premier soin immédiatement après l'invention des écritures fut de composer & d'écrire leurs Livres en présence de tous les Anciens & des plus considérables d'entr'eux: que ce Livre qui est bien plus ancien que Moyse, lui apprend qu'il y eut un grand déluge, mais que bien loin de l'autoriser à le donner pour général, il l'instruit de la fondation de plusieurs Royaumes qui ne furent point submergez, & dont tant de Nations tirent leur origine. Ils conviennent bien que plusieurs Peuples étoient souillez d'un vice abominable, que Sodome & Gomore comme plusieurs autres Villes périrent par des tremblemens de terre: mais, tout ce que nous difons des circonftances de leur ruine, leur paroît auffi fuppofé que tout ce qui n'eft point écrit dans leurs Livres. Ils n'ignorent point que Moyfe n'ait étonné Pharaon par tout ce qu'il fit de beau en fa préfence; mais toutes ces merveilles, s'il les en falloit croire, ne furent que de belles expériences de Phyfique : auffi l'eftiment-ils le plus habile Phyficien & le meilleur Chimifte qui eût encore paru. Enfin s'ils le prennent pour un prodige, ils ne le regardent pas comme un Prophéte, mais ils le comparent au Légiflateur des Chinois, dont ils refpectent la memoire. Ils n'ont pas moins de vénération pour Jéfus-Chrift dont ils difent que nous avons corrompu la Loi: ils nous prennent généralement pour des ignorans, & ils font fi injuftes dans

leurs

leurs préjugez qu'ils parlent des premiers Péres de l'Eglise, comme on regarderoit des gens d'une trop grande simplicité, ou de très mauvaise foi. Il n'y a rien, disent-ils, dans la Morale de vôtre Prophéte que de fort raisonnable & de très épuré ; mais si vous le prenez pour un Dieu, quoique jamais il ne se soit donné pour tel, vous êtes bien hardis de faire rédiger par des Hommes la Loi que vous tenez de vôtre Dieu, à qui vous faites dire des choses que vous savez fort bien ne point venir de lui. De quelle autorité damnez-vous non seulement une infinité de Nations qui ne vous connoissent pas ; mais même ceux de vos fréres qui s'opposent aux nouveautez que vous avez introduites, & que vous introduisez tous les jours dans vos Dogmes & dans vôtre culte ? Ne vous prosternez-vous point devant vôtre Grand-Prêtre qui peut être

être un fort méchant Homme? Feignant d'accorder à ses décisions une infaillibilité chimérique; ne lui rendez-vous pas des honneurs qui ne sont dûs qu'au Grand Etre? Vous déplorez, dites-vous, l'aveuglement des Payens: hé que signifient toutes les Fêtes que vous instituez à l'honneur de vos Saints, dont les portraits, & les bustes sont les principaux ornemens de vos Temples? Quand le Créateur a bien voulu parler à nos premiers Péres; il ne leur a dit que des choses que tous les Hommes peuvent également comprendre: il leur a donné une Loi que chacun doit & peut suivre: mais il ne leur a point appris qu'il y a dans la Divinité trois Personnes que, pour vous tirer d'affaire, vous réunissez dans une seule substance. Pourquoi d'une chose très naturelle & aussi aisée à entendre, vous aviser d'en faire un Mistére incompré-
hen-

hensible ? Quel pouvoir ou quel crédit avez vous sur le Fils de vôtre Dieu que vous placez, quand il vous plaît, dans un peu de pâte ? Comment parlez vous de Dieu le Pére dont vous faites un Etre injuste & cruel qui sauve l'un & damne l'autre, parce que tel est son bon plaisir ? Il y a plusieurs siécles que vous travaillez à expliquer vôtre Mistére de la Grace ; vous en parlez continuellement sans pouvoir vous entendre, & sans savoir conclure : toutes ces disputes vous conduisent, si vous n'y êtes pas encore arrivez, au sentiment d'un certain Pyrrhon qui de tous les Philosophes fut le plus extraordinaire, & le plus déraisonnable. Vous avez eu l'imprudence d'envoyer à la Chine des Savans de différens partis pour convertir, prétendiez-vous, les Chinois : nous savons que les premiers actes de vos Marabous furent des

actes

actes d'hostilité qu'ils commirent les uns contre les autres : vous commençâtes par vous décrier entre vous d'une maniére si étrange, que vous en scandalizâtes tous les gens de bien qui aprirent vôtre peu de conduite : qui pis est, c'est que le parti qui l'a emporté sur l'autre ; ne doit son avantage qu'à la foiblesse qu'il a eue de déifier Confucius ; & à cent autres traits de Politique, dont gens, qui croyent que leur Religion est la seule de bonne, ne doivent point être coupables.

Croyez-nous en, ajoûtent-ils, adorons de tout nôtre cœur le Grand Etre : servons le fidélement sans partage : aimons nôtre prochain, comme nous voulons en être aimez : nous en serons plus heureux dans cette vie ; & nous ne nous en trouverons pas plus mal dans une autre ; supposé qu'il y ait effectivement une éternité.

Ce

Ce Siftême de l'immortalité de nos Ames, n'eft pas fi ancien qu'il nous paroît raifonnable & confolant : mais comme nos plus faints Patriarches n'en ont fait aucune mention ; & que Moyfe que vous dites être l'Oracle du Très-Haut ne nous en parle point ; vous & nous avons bien plus d'intérêt à nous en flater, que nous ne trouvons de preuves pour nous en convaincre.

Tels font à peu près les raifonnemens de ce petit nombre de Savans avec qui l'on commerce en Egypte. Quelle joye pour l'Eglife fi d'auffi honnêtes gens felon le monde, pouvoient bientôt fortir de leurs ténébres par les lumiéres de l'Evangile ?

Si les Juifs qui habitent le Levant font plus criminels que les Abrahamiftes, on ne laiffe point de trouver parmi eux de fort bonnes gens : ils n'attaquent ni les

mœurs,

mœurs, ni la morale de Jésus-Christ : mais ils combattent avec les mêmes armes de nos Egyptiens nôtre culte, & nos plus saints Mistéres, ils soûtiennent que nos Auteurs en imposent artificieusement sur tout ce qui ne nous convient point, & que nous feignons d'ignorer ce qu'a fait Jésus-Christ depuis l'âge de douze ans jusques à celui de trente ; pour couvrir ce vuide d'un Voile de Mistére qu'il n'est pas mal-aisé de pénétrer, puisqu'on le peut suivre depuis le jour de sa naissance jusques à celui de sa mort. Ils assurent avec aussi peu de fondement que les quatre Evangiles que nous avons ne sont qu'une compilation de vingt quatre autres dont nous avons soustrait ce que nous n'avons pas voulu qui fût mis au jour. Ils veulent que nous n'ayons pas traduit la Bible avec beaucoup d'exactitude ;

tude; & font semblant de croire que nous ne l'avons point fidélement expliquée. Ils difent que Jéfus de Nazareth n'a jamais dit qu'il fût Dieu, & que fans le crédit de l'Empereur Conftantin peut-être qu'il n'eût jamais paffé pour tel: ils ne favent ni ne croyent qu'il ait mérité la mort: mais ils tiennent que leurs Péres le firent mourir pour fuivre les confeils de Moyfe qui les exhorte & leur enjoint dans le troifième Chapître du Deutéronome de faire mourir le fils de fa mére qui s'érigera en Prophéte; & qui voudra détruire la Loi: ils appliquent au Fils de Dieu ces paroles; & méconnoiffent ainfi le Sauveur du monde. Plaignons leur aveuglement, encore plus le fort des enfans qui ne devroient point porter l'iniquité de leurs Péres: le Seigneur veuille bien leur faire miféricorde; auffi si bien qu'à vous & à moi qui en avons grand besoin.

Au Grand-Caire le 14. de Mars 1721.

XI. LETTRE.

JE me suis fort ennuyé sur la route du Grand-Caire à Alep : j'ai traversé pour m'y rendre des plaines & des deserts fort brûlez qui ne sont presque point habitez. J'ai pourtant couché tous les soirs dans des Villages où les Cheiks qui en sont comme les maîtres m'ont reçû de leur mieux. J'ai mis 18 jours à me rendre à Alep qui est la plus considérable Ville de Syrie : il y a assez d'apparence que c'est l'ancienne Hieropolis dont l'Archevêque d'autrefois relevoit du Patriarchat d'Antioche : elle est assez bien située entre Alexandrette & l'Euphrate ; & bâtie

bâtie sur quatre collines; le Château qui n'est pas mal entretenu est placé sur la plus haute, qui se trouve au milieu de la Ville, qui peut avoir huit milles de tour : elle est mieux peuplée que bien bâtie; mais les maisons y sont richement meublées, & les dedans en paroissent fort ornez : il peut y avoir environ cent Mosquées, dont on dit que trois ou quatre qui sont couvertes de plomb sont des plus magnifiques. La petite riviére de Coye qui passe hors de la Ville n'est pas poissonneuse, mais en échange elle en arrose bien les jardins qui produisent des melons excellens. Nos Francs se proménent sur un Côteau fort agréable qui n'est qu'à un quart de lieue de la Ville qui est fort riche & des plus marchandes : les Arméniens, les Perses, & autres Peuples de l'Orient y envoyent des Pierreries, des Soyes, des Epiceries,

ries, & tout ce que l'Asie peut fournir de plus rare. Les François, les Hollandois, les Anglois, comme les Génois, & les Venitiens, y portent des Fourures, des Draps, des plus belles Etoffes de Soye, du Fer & du Plomb. Si les Portugais n'eussent pas pris la route du Cap de bonne Espérance, Alep seroit peut-être aujourd'hui une des plus opulentes Villes du monde. On y trafique encore en Camelots de poils de Chévre, en Baume, en Sels d'Angleterre, en Noix de galles, & en Savon. Je croi qu'il s'y rend des Négocians des quatre coins du Monde : chaque Nation, dont l'Angloise est la plus nombreuse a son Consul ; le nôtre me présenta au Bacha qui est le plus gracieux Musulman que j'aye encore vû ; il a beaucoup de crédit à la porte par la femme qu'il a épousée qui est une Niéce du Grand-Visir.

Visir. J'ai accompagné ce Seigneur Bacha sur les bords de l'Euphrate, qui ne sont pas plus curieux à voir que ceux du Nil. Ce dernier Fleuve est plus considérable & plus navigable que l'autre; dont la Navigation est, dit-on, dangereuse dans certains endroits. La Garnison ne m'a paru ni belle, ni forte, ni bien entretenue: les Maronites, les Grecs, les Arméniens, les Catholiques, & les Jacobites y ont leurs Eglises séparées; & les Jésuites, les Carmes, & les Capucins, des Hospices qui ne sont pas dèsagréables: l'air n'y est pas mauvais; & la Campagne est assez belle. Je suis parti d'Alep avec des Négocians de plusieurs Nations qui avoient des affaires à Alexandrette: cette Ville que les Turcs nomment Scanderone est la plus triste & la plus mal habitée du Levant à cause du mauvais air qui y regne princi-
F pale-

palement en Eté : elle eſt à cinquante milles d'Alep à l'extrêmité de la Mer Méditerranée ; le Port où abordent les Marchandiſes eſt aſſez bon ; c'eſt la promenade ordinaire des Chrétiens d'Europe. J'ai été voir à cinq cens pas de la Ville une aſſez mauvaiſe Tour où paroiſſent encore les Armes de Godefroy de Bouillon ; ſans doute qu'elle fut bâtie pour défendre le chemin qui eſt bordé à droit & à gauche de marais qui empuantiſſent l'air de mauvaiſes exhalaiſons qui en ſortent. J'ai quitté Alexandrette pour paſſer ſur une Polacre Françoiſe à Tripoli de Syrie, qu'on trouve à demie lieue de la Mer dans une ſituation qui n'eſt pas dèſagréable : elle eſt bâtie entre deux collines, dont l'une eſt à l'Orient & l'autre à l'Occident entre la Mer & la Ville, dont les dehors ſeroient fort beaux s'ils étoient mieux entretenus. Nous a-
vons

vons parcouru la Plaine de Jeunia, c'est à dire, la Plaine par excellence, qu'un nombre de petites riviéres ou de grands ruisseaux qui ne tarissent que fort rarement, ne manquent point d'arroser. J'ai été visiter ensuite un fort bel Aqueduc qui va d'une Montagne à l'autre, & qui passant au travers d'une riante vallée, porte une grande quantité d'eau, suffisante pour les besoins de la Ville: nos Antiquaires ne croyent pas que cet Aqueduc ait été bâti par Godefroy de Bouillon; quoi qu'on l'appelle le Pont du Prince. Le Couvent de Belmont qui est à deux lieues de Tripoli, n'en est pas plus beau pour avoir été fondé par un de ces Comtes; j'y ai trouvé près de quarante Moines Grecs tous aussi ignorans & aussi crasseux qu'ils le sont en Grece: un de ces Moines qui nous parut être en charge me rendant sur le champ ma visite,

m'ap-

m'apporta sur son dos une peau de Bouc remplie d'un Vin de Castrevan que j'ai trouvé excellent; mais il n'en faut user que très sobrement. J'ai passé de Tripoli à Seyde dans quinze heures de navigation: Seyde ou Sydon est une Ville de Phénicie en Syrie où les Chrétiens ont trois Camps; dont le plus considérable est habité par le Consul de France; les Jésuites, les Capucins, & les Cordeliers ont une petite Eglise dans les Camps, où ils sont mieux entretenus que commodément logez. Un Sangiac, comme qui diroit un Commandant, qui est aujourd'hui grand ennemi des Chrétiens; fait les fonctions de Bacha dans cette Ville qui est bâtie sur le bord de la Mer au Septentrion de Tyr: le plus grand Commerce qui s'y fasse consiste en Cottons & en Soye, & en Eau de fleurs d'Oranges; les Jardins qui sont dans les Fauxbourgs

bourgs de la Ville font remplis d'Orangers, de Palmiers, de Tamarins, & de Figuiers d'Adam, qui portent un fruit qui ressemble fort à un petit Concombre tirant sur le jaune, dont le goût m'a paru bien fade; ses feuilles ont six pieds de longueur & deux de largeur: on trouve dans la Campagne une grande quantité de Meuriers blancs dont les feuilles nourrissent une infinité de Vers à Soye que les Habitans du Païs font éclore, & conservent avec avec beaucoup de soin dans leurs Cabanes. J'ai vû à trois milles de Seyde les ruines de l'ancienne Sydon, qui étoit bâtie au pied d'une haute Montagne qui fait partie de l'Anti-Liban: On peut juger par un grand nombre de beaux pilliers qui se trouvent hors de l'enceinte de cette Ville qu'elle doit avoir été considérable; mais elle se trouve aujourd'hui tout à fait abî-

abîmée : on voit fur une Montagne voifine un Château que le Roi Saint Louis y fit bâtir, qui eft encore affez fort ; mais les Turcs l'ont entiérement abandonné. Je n'ai vû que de très pauvres reftes des anciens Edifices de Seyde, apparemment que ceux dont on nous a fait de fi belles defcriptions font enfevelis fous les ruines de cette Ville. Je fuis parti de Seyde avec le Conful de France qui abfolument m'a voulu défrayer, & accompagner jufques à Saint Jean d'Acre; nous avons diné le jour de nôtre départ à Sarphan que l'on croit être l'ancien Sarepta, fi connu par l'ancienne demeure du Prophéte Elie : on y voit des ruines d'une fort grande étendue : après avoir quitté cet endroit nous nous fommes trouvez au bout de trois heures fur les bords de Cafimier, qui eft une Riviére affez dangereufe : nos Géographes modernes s'éforcent

cent inutilement de vouloir perſuader que c'eſt l'ancienne Eleutherus : nous avons côtoyé la Mer, & n'avons mis que deux heures de Caſimier à Tyr; où j'ai voulu reſter un jour pour examiner les triſtes ruines de cette malheureuſe Ville, que l'on nomme preſentement Sur : elle eſt bâtie dans la Mer ſur une Péninſule; & ſa ſituation qui eſt des plus avantageuſes, nous prouve aſſez, ſans le témoignage de Quinte-Curſe, qu'elle doit avoir été des plus fortes : mais elle eſt ſi détruite, que non ſeulement on ne ſauroit y trouver aucun Monument d'Abylus ou d'Hyram; mais même aucune preuve de la libéralité de l'Empereur Adrien, qui en la réparant voulut faire oublier qu'Alexandre le Grand l'avoit entiérement ſaccagée. Un Papas Grec qui fait l'Antiquaire nous a montré le côté de l'attaque où ce Prince fut bleſſé ſur la bréche, & les fon-

F 4 de-

demens des murailles qui arrêtérent pendant sept mois son Armée; il nous a dit que la grande Eglise qui est aussi abîmée, que tous les autres édifices, avoit été bâtie sur les ruines du Palais de ses premiers Rois; & que c'étoit le lieu où s'étoit tenu ce grand Concile, dans lequel les Partisans d'Arius triomphérent de Saint Athanase : enfin cette célébre Ville, qui non seulement a vû sous sa domination la Mer qui lui étoit voisine; mais même celles où ses armes ont pénétré; n'est plus qu'un misérable Bourg. Les Egyptiens donnent l'honneur aux Tyriens d'avoir inventé l'écriture, & d'être les premiers hommes de Mer qui se soient distinguez sur cet Element. Nous avons traversé au sortir de Tyr une Plaine bien fertile, qui nous a conduit à deux milles de Roselain; c'est un endroit où l'on voit encore trois belles Citernes que l'on nomme les

Ci-

Citernes de Salomon ; les gens du Païs aſſurent que ce Prince les y fit bâtir à ſes dépens pour dédommager le Roi Hyram d'une partie des frais que ce Prince avoit faits pour lui envoyer des matériaux pour le bâtiment du Temple ; mais les Juifs qui ſe ſont ſervis de nôtre eſcorte pour paſſer à Jéruſalem, & qui nous ont parus bien inſtruits de l'Antiquité ; nous ont aſſurez que ces mêmes Citernes étoient beaucoup moins anciennes que Salomon ; & que tout ce qu'en diſoient les Phéniciens n'étoit que des fables, que l'on ne pouvoit ſoûtenir par aucune Inſcription, encore moins par l'autorité des bons Livres. Quoi qu'il en ſoit, c'eſt un bel endroit à voir ; nous l'avons quitté pour monter ſur un Promontoire ou Cap blanc qui eſt d'une hauteur étonnante : on paſſe en chemin faiſant près des ruines d'un Château qu'avoit fait bâtir Alexandre: ce Château s'appelle encore *Scandalium*, nom qui dérive de son Fondateur que les Turcs nomment *Scander*. A une lieue des ruines de cette Forteresse, nous sommes entrez dans la Plaine d'Acre après avoir traversé des chemins fort pierreux & très difficiles : cette Plaine peut bien s'étendre en long depuis le Mont Saron jusques au Mont Carmel environ sept lieues, & je crois qu'elle en a deux bonnes de largeur entre la Mer & la Montagne : il est surprenant qu'une Plaine autant arrosée & qui pourroit être des plus fertiles soit en aussi mauvais état faute de culture. Nous avons quitté le chemin de Jérusalem pour aller visiter le Carmel qui est une Montagne de la Galilée dans la Palestine sur la côte de la Mer Méditerranée : on y voit plusieurs Collines, & des Vallées toûjours vertes ; des bois de haute futaye ; quantité de bonnes

nes sources ; de belles Fontaines,
& beaucoup de Vignes très négligées : l'air y est très bon ; & les
fruits aussi excellens que le Vin : on
dit aussi que le gibier qui s'y trouve en abondance, y est des meilleurs. Les Carmes Déchaussez y
ont un Couvent taillé dans le roc,
d'où l'on découvre la Mer dans
toute son étendue, & les Villes de
Cayphas & de Saint Jean d'Acre :
on voit vers le pied de la Montagne la grotte d'Elie laquelle n'est
pas moins honorée des Turcs &
des Arabes, qu'elle l'est des Chrétiens & des Juifs ; elle est ordinairement gardée par un Religieux
Mahometan qui en permet à fort
bon marché l'entrée ; on trouve
aussi sur cette même Montagne plusieurs autres grottes soit d'Elie,
ou de son Disciple Elisée, qui ne
sont pas mieux conservées que les
édifices qu'on y voyoit autrefois :
mais il n'y paroît aucun reste des

Villes dont Pline & Suetone font mention. Du Mont Carmel nous sommes retournez par le même chemin que nous avions déja fait au même endroit où nous avions quitté la route de la Sainte Cité, que nous avons reprise auprès d'une vieille Ville que l'on nomme *Zib* : il y a beaucoup d'apparence que c'est Achzib dont il est fait mention dans le 19 & 29 de Josué : si c'est cette même Ville d'Achzib ; c'est un des lieux dont les Asérites ne purent chasser les Cananéens naturels. La Ville d'Acre qui n'est qu'à trois lieues de cette derniére, se nommoit anciennement Acho ; cette Ville que les Israélites ne purent prendre, quitta son premier nom pour porter celui de Ptolémais, que lui donna Ptolomée à qui elle dut son agrandissement ; elle a été assiégée & défendue plusieurs fois par les Chrétiens & par les Infidelles ; & enfin

fin saccagée par les Barbares. Le Commerce l'a un peu remise, & nos Négocians d'Europe qui n'y font pas mal leurs affaires, pourroient peut-être avec le tems la rétablir: mais pour le présent quelque avantage qu'elle tire, & de la bonté de son Port & de son agréable situation; c'est un fort miserable lieu, où l'on ne trouve que de pauvres débris, tant des Palais de ses Princes, que de ceux des Grands Maîtres de différens Ordres Militaires, qui ne purent jamais s'accorder entr'eux.

Nous sommes partis d'Acre avec une escorte de Janissaires; & après avoir côtoyé quelque tems la Mer, nous nous sommes jettez vers le Sud, où nous avons passé une Riviére qui peut être le Bælus dont le sable sert encore à faire du Verre: on assûre au moins qu'il en a fourni la premiére invention: c'est en cet endroit que nos Gui-

des nous conseillérent de ne plus suivre les Côtes de la Mer; & ayant traversé une plaine fort aride, nous nous sommes trouvez dans trois heures à son extrêmité qui est bornée par le Mont Carmel: une Vallée fort étroite, & assez triste nous a conduits de la plaine d'Acre à celle d'Esdrelon, vers le lieu, où se terminoit à peu près la Tribu d'Aser, & que commençoit celle de Zabulon: nous avons traversé la Vallée étroite d'où nous avons découvert l'ancienne Riviére de Kishon qui secoure de ses eaux la plaine d'Esdrelon, & côtoyant négligeamment le Mont Carmel, se jette dans la mer près de Caypha: cette Riviére n'est considérable que par la quantité des torrens qui se précipitent dedans en tombant des Montagnes. De cette Riviére de Kishon qui n'est peut-être pas celle que nous nous imaginons,
nous

nous nous sommes rendus sur une petite hauteur près d'un Kan nommé Legune; où nous avons fait tendre nos tentes pour y passer la nuit : on découvre de ce petit Monticule la vaste Plaine d'Esdrelon, qui sert de Pâturage aux Arabes. Nous avons décampé de Legune; & après avoir fait sept lieues, nous avons passé le reste du jour & toute la nuit sur une espèce de Tertre, d'où l'on apperçoit aisément Nazaret, & les Monts de Thabor, & Hermon : le voisinage des deux Camps d'Arabes qui s'escarmouchoient continuellement, nous a tenus fort alertes dans cet endroit que nous n'avons point quitté sans rencontrer une Troupe de ces gens-là qui nous ont conduits à leur Emir, qui a fait honneur au Ferment que j'avois de la Porte. Ce Ferment est un Passeport du Grand-Seigneur dont je ne m'étois point encore servi : si je n'eusse

été

été muni du mien, j'aurois été pillé selon toutes les apparences: cette troupe m'ayant paru de fort mauvaise volonté, & en besoin de faire une curée: j'ai quitté fort vite Monsieur le Prince Arabe; & après avoir traversé trois ou quatre petites Vallées, & une Plaine assez bien cultivée; nous sommes entrez dans Caphar-Arab qui n'est qu'un mauvais hameau éloigné de cinq lieues de la Plaine d'Esdrelon.

De Caphar-Arab nous sommes venus diner à Sebaste, où l'on quitte les bornes de la demie Tribu de Manassé pour entrer dans celle d'Ephraim. Sebaste est l'ancienne Samarie Ville de la Palestine, & Capitale du Royaume d'Israel. Amri que son Armée plaça sur le trône après la mort du Roi Ela, la nomma Samarie, du nom de Sameron qui lui vendit la Montagne sur laquelle il l'a fit bâ-

bâtir: cette Ville si célébre par ses malheurs fut désolée par Salmanasar Roi d'Assirie qui la prit après un siége de trois ans; Hircan la ruina entiérement, & il ne paroît plus aujourd'hui que le Roi Hérode le Grand qui la nomma Sebaste à l'honneur d'Auguste l'eût parfaitement rétablie: elle domine par sa riante situation sur une Vallée des plus fertiles qui est bornée d'un côté par un cercle de Collines dont la vûe n'est assurément point indifférente: on voit dans cette Ville-là les restes d'une Eglise qu'on croit avoir été bâtie par les soins de l'Impératrice Helene sur les fondemens de la prison où Saint Jean Baptiste doit avoir été enfermé; & j'ai été le maître de monter par un escalier fort ruiné dans la chambre où le Saint Précurseur fut exécuté: les Turcs ont beaucoup de respect pour cet endroit-là qu'ils s'i-
magi-

maginent avoir beaucoup honoré en y bâtissant une très petite Mosquée. De Sebaste nous nous sommes rendus par des chemins fort pierreux à Naplosa, autrefois Sichem. Il y a peu de Villes dans l'Ecriture qui soit aussi illustre que l'est celle-ci : je me suis promené sur une hauteur qui regne sur une petite Vallée bornée par plusieurs Collines ; si les Juifs que j'ai consultez ne se trompent point, c'est l'endroit où s'établit Abraham au sortie de la Mésopotamie. J'ai été voir à deux lieues de Naplosa l'héritage & la sépulture de Joseph ; on n'y trouve qu'une grotte fort simple & très négligée sans monument & sans aucune Inscription : les gens du Païs veulent absolument que le Saint Patriarche soit enterré dans cette vieille grotte ; mais on en peut croire tout ce qu'on veut sans en esperer d'autre éclaircissement. vous pouvez lire dans les
Anti-

Antiquitez Judaiques la description que fait Joseph de la Ville de Sichem ; vous la verrez dans le cinquième Livre, mais on n'en peut reconnoître que sa situation laquelle est entre le Mont de Garizim & celui d'Ebal : ses ruines sont au pied du premier. J'ai été rendre visite avec mon Interpréte au Grand-Prêtre des Samaritains qui demeure à Naplosa qui est la même que Saint Jean nomme Sichar; j'ai demandé par la bouche de mon Drogman a ce vénérable Samaritain d'où venoit que le Pentateuque Hébraique, & le nôtre ensuite, nous apprennent que ce fut sur le Mont Ebal que le Seigneur commanda aux Enfans d'Israel de poser de grosses pierres plâtrées, & d'y graver tout le corps de leur Loi ; d'y élever un Autel ; d'y manger, & de s'y réjouir en la présence de l'Eternel ; & que celui des Samaritains montre au contrai-
re

re que c'est sur celui de Garizim que Dieu voulut bien expliquer à son Peuple sa sainte volonté : Il m'a répondu que les Juifs qui haïssent souverainement les Samaritains avoient malicieusement corrompu le Texte, ayant mis Ebal pour Garizim & m'a allegué plusieurs autres raisons qui ne décident pas grand' chose : il veut sur tout que le Mont Ebal, parce qu'il est fort aride & dèsagréable, soit la Montagne des malédictions ; & que celui de Garizim soit celle des bénédictions parce qu'elle est fertile & des mieux cultivées : ce qu'il y a de bien sûr c'est que les Samaritains commencerent depuis le regne de Jeroboam à mêler le culte des faux Dieux avec celui de l'Eternel. La meilleure & l'unique piéce de la Bibliotheque de ce Grand-Prêtre étoit une très ancienne copie d'un Pentateuque Samaritain qu'il ne m'a pas voulu vendre.

dre. Quoique la Ville de Naplosa soit la résidence d'un Bacha qui n'est pas à son aise; elle n'en est ni plus riche ni plus grande : nous n'y avons séjourné qu'un jour : continuant nôtre route par une Vallée étroite entre les Monts de Garizim & d'Ebal, nous avons repassé devant la Grotte où j'avois été voir le prétendu Tombeau de Joseph : j'avois été assez mal payé de ma curiosité la premiére fois pour n'y pas retourner une seconde. On trouve à un mille de là un puits de Jacob que l'on dit être le même où Jésus-Christ a converti la Samaritaine : si c'est le même; il faut que la Ville de Sichem fût autrefois bien plus étendue qu'elle ne le paroît aujourd'hui. Ce Puits qui est couvert d'une mauvaise voute de terre; est creusé dans un Rocher, & peut avoir neuf pieds de diamétre, & cent de profondeur ; la corde que nous avons

avons jettée dedans, nous a fait juger qu'il pouvoit bien y avoir cinq ou six pieds d'eau : on debite encore bien des fables à l'occasion de ce Puits, d'où j'ai continué ma route vers le Midi en suivant une grande & fertile Plaine que j'ai quittée pour me rendre au Kam Leban qui n'est pas éloigné d'une Vallée délicieuse : nous avons campé une nuit près de ce Kam d'où nous sommes entrez dans des chemins fort ennuyeux, & fort difficiles ; & passant près des limites qui divisent la Tribu d'Ephraim d'avec celle de Benjamin, nous nous sommes reposez pendant une nuit à Beer ; lequel est un lieu où s'étoit retiré Jotham pour éviter la colére de son frere Abimelec. Quoique ce Païs-là soit fort rude & fort pierreux ; il produit du lait, du Miel, de l'Huile, des Vins & toutes les bonnes choses qui font la principale nourriture des Orientaux.

taux. A trois lieues au delà de Beer, nous avons découvert la Ville de Jerusalem ; & laissant Rama comme la Plaine de Jerico sur nôtre droite, & les Montagnes de Gilaad à nôtre gauche ; nous nous sommes trouvez dans une heure au pied des murs de la Sainte Cité. J'ai envoyé en même tems mon Passeport de la Porte au Bacha qui m'a permis d'entrer dans cette misérable Ville aussi desolée présentement qu'elle doit avoir été opulente autrefois : je me suis logé au Couvent de Saint Sauveur dont le Gardien m'a reçu de son mieux : je n'ai trouvé dans le nombre de ses Religieux qui ont la régle de Saint François, que cinq ou six François, & autant d'Italiens ; le reste de sa nombreuse Communauté n'est rempli que d'Espagnols & de Portugais : ce Couvent de Saint Sauveur n'a rien de considérable que son Eglise dont

le

le trésor est immense. Je n'ai pas été plûtôt établi qu'un Officier du Bacha m'est venu visiter pour me demander le droit de pouvoir rester dans la Ville quelques jours; il m'en a coûté quarante Sequins pour avoir la liberté de me promener; je ne comprends point dans cette somme les frais de mes deux Janissaires qui ne monteront pas bien haut. L'Eglise du Saint Sepulchre est plus riche qu'elle n'est belle; elle est bâtie sur le Mont Calvaire petite éminence sur le Mont Moriach qui est un peu plus grand: c'étoit autrefois l'endroit où l'on exécutoit les criminels, & à cause de sa destination il étoit un peu éloigné de l'enceinte de la Ville; mais depuis qu'il a été purifié par le sang du Fils de Dieu, il se trouve au milieu de Jérusalem: pour faire ce changement il a fallu qu'une partie considérable du Mont de Sion que l'on à portée hors des murailles de la Ville, cedât sa place au Mont-Calvaire: tous les endroits où s'est passée immédiatement la Passion de Jésus-Christ paroissent bien conservez, & l'on a laissé dans son entier le lieu du Calvaire où l'on croit que le Sauveur fut attaché & élevé sur la Croix: de sorte qu'il est encore élevé de dix-huit dégrez au dessus du rez de chaussée de l'Eglise. On me dit que le Saint Sepulchre étoit autrefois une espéce de voute taillée, & comme enterrée dans le Rocher: c'est présentement une grotte qui paroît sur terre, tant la roche a été coupée tout au tour: les Latins, les Grecs, les Armeniens, & les pauvres Copthes, y ont chacun leurs habitations & leurs Sanctuaires; mais le plus précieux est celui où Jésus Christ fut enseveli: les Grecs & les Latins s'en sont disputé & s'en disputent encore la possession de la maniére du monde la plus dure & la plus scandaleuse; cependant les Latins en sont en possession aujourd'hui ; peut-être ne le seroient-ils pas long-tems s'ils n'étoient pas les plus forts ou les plus riches. Les Grecs qui sont naturellement aussi superstitieux que fripons, inventent toutes sortes de pieux stratagêmes pour y gagner de l'argent : il n'est pas que vous n'ayez entendu parler d'un feu céleste que leur Patriarche distribue le jour du Samedi Saint pour continuer une Cérémonie qui fut établie en faveur d'un certain miracle qui se faisoit autrefois dans le Saint Sepulchre, où la veille de Pâque une flame considérable descendoit visiblement du Ciel, & perçant les fenêtres ou la voute de l'Eglise, en allumoit toutes les Lampes, qui depuis le matin du Vendredi Saint se trouvoient éteintes. C'est ainsi que la chose m'a été

été contée; au surplus, je vous laisse le maître d'en croire tout ce qu'il vous plaira. J'ai été visiter hors de la Porte de Damas un petit Collége de Dervis fort estimez des Turcs, des Chrétiens, & des Juifs. On montre près de là une grotte où l'on veut que le Prophéte Jérémie ait fait sa demeure : j'ai été voir ensuite le Sepulchre des Rois: nous ne pouvons croire sur ce que nous lisons dans la Sainte Ecriture, qu'aucun Roi d'Israel ou de Juda y doive être enterré; puis qu'elle nous marque dans un autre endroit le lieu de leur Sepulture : mais si ce n'est véritablement pas leurs Tombeaux, on peut juger par la magnificence du lieu, que c'est l'ouvrage de plusieurs Rois: ce qu'il y a de sûr, c'est que les Juifs prétendent qu'il y en doit avoir au moins trois ou quatre d'enterrez. Il s'en faut beaucoup que les Successeurs de Godefroi de Bouillon, & de son frére le Roi Baudouin, soient dans des tombes aussi belles: rien n'est plus simple que leurs Tombeaux que l'on trouve dans une des Chapelles du Saint Sepulchre.

J'ai été me promener au Jourdain en nombreuse compagnie de Pélerins; il seroit dangereux de faire ce voyage sans une bonne escorte: nous sommes sortis par une porte que l'on nomme celle de Saint Etienne; & après avoir traversé la Vallée de Josaphat, & une partie du Mont des Oliviers, nous sommes entrez dans Bethanie: c'est un petit Village tout aussi ruiné que l'est une vieille mazure que l'on voit en entrant; on la nomme le Château du Lazare, sans doute que l'on croit qu'il y faisoit sa résidence. On montre assez près de là dans une espece de Prairie le Sepulcre où il fut enseveli, & d'où il fut rappellé à une seconde vie mor-

mortelle par la voix miraculeuse de son Maître : les Turcs qui ont assez de respect pour ce lieu là n'y laissent point entrer de Chrétien qui ne donne quelque monoye pour le pouvoir visiter. La demeure vraye ou supposée de Marie Magdelaine n'est pas plus éloignée de cet endroit que la Fontaine des Apôtres. On entre a quelques milles de là dans un affreux désert où le Fils de Dieu fut conduit & tenté par le Diable ; il seroit difficile de trouver un lieu plus triste que l'est celui-là ; quoi qu'on découvre du sommet de ces horribles Montagnes, celles d'Arabie, & la Mer morte dont l'aspect est assez agréable. Nous avons gagné ensuite la Plaine de Jérico où nous avons vû le pied d'une affreuse Montagne que l'on dit être celle où le Démon transporta Nôtre Seigneur lorsqu'il le voulut surprendre : on trouve à un mille de cet-

te Montagne la Fontaine d'Elisée, ainsi nommée, parce que le Prophète la purgea de son sel ; cette même Fontaine arrose de ses eaux une partie de la Plaine. Pour Jérico, ce n'est qu'un pauvre Village, tout aussi ruiné que peut l'être la maison de Zachée ; d'où nous nous sommes rendus sur le bord du Jourdain, qui n'en est éloigné que de deux heures : on traverse pour y arriver une Plaine qui ne produit que du Fenouil, & quelques mauvaises plantes : on voit près de ces bords un Couvent, & une Eglise fort ruinée, dédiée à Saint Jean en mémoire du Batême du Sauveur : il est difficile de suivre commodément le Jourdain, à cause qu'il est bordé à droit & à gauche de quantité de buissons fort épais, de Tamarins, de Saules, & d'Oléandres, lesquels n'ont pourtant point empêché qu'une partie de nos Pélerins se
soient

soient baignez dans le Fleuve qui n'est remarquable que par tout ce qu'en dit la Sainte Ecriture.

Je me suis détaché du gros de nôtre troupe avec quelques curieux pour aller reconnoître la Mer morte dont les environs sont fort ennuyeux : on passe, avant que d'y arriver, sur un terrain fort entrecoupé par quantité de fosses que l'on juge être les mêmes où les Rois de Sodome & de Gomorre furent vaincus. La Mer morte est environnée de très hautes Montagnes ; elle est bornée au Nord par la Plaine de Jérico ; & c'est de ce côté-là qu'elle reçoit les eaux du Jourdain : mais cette prétendue Mer n'est à proprement parler qu'un Lac qui doit avoir vingt lieues de long & six de large : on trouve sur son rivage une espéce de caillou noir qui s'allume à la flame d'une bougie ou d'une chandelle ; mais l'odeur en est insupportable; j'ai ramassé beaucoup de ces cailloux qui paroissent aussi polis que le marbre noir quand il est mis en œuvre: les Naturels du Païs disent, que le poisson qu'on pêche dans ce Lac n'est point bon, & que les Oiseaux qui volent sur ses eaux y tombent morts; rien de plus fabuleux, & c'est tout aussi faux que bien d'autres contes que l'on a faits à cette occasion, comme au sujet de bien d'autres choses: on m'a fait voir du bitume qui ressemble si fort à de la poix que les Marchands s'y tromperoient tous les jours, si son goût & son odeur de soufre ne leur apprenoient que c'est le même bitume que produit ce Lac dont les eaux quoique bien claires sont fort améres & très dégoûtantes; je me suis rendu à l'endroit d'où l'on découvre, dit-on, quand la Mer est basse; quelques ruines de Gomore que j'ai aussi inutilement tenté

tenté de découvrir qu'un reste de la Statue de la femme de Lot : on m'assuroit pourtant que je trouverois vers un petit Promontoire à l'Occident de cette Mer, un monument visible de cette ancienne Métamorphose ; apparemment qu'il ne m'étoit pas plus permis ce jour-là que dans tous les autres de ma vie de voir des choses extraordinaires ; & je n'ai pas plus trouvé des pommes de Sodome que les Arbres qui les portent : de la maniére dont les Juifs m'ont parlé de ce fruit ; je croirois assez avec eux que c'est purement l'invention de quelque bel Esprit pour fournir des matiéres, ou des comparaisons à ceux qui jugent à propos de s'en servir. J'ai ensuite rejoint dans la Plaine de Jerico nôtre nombreuse troupe qui avoit rudement fouragé les Plantes qui nous produisent ces Roses auxquelles on donne encore très liberalement des propriétez si merveilleuses. Avant que de rentrer dans la Sainte Cité ; j'ai voulu connoître le Bourg de Bethléem : on traverse avant que d'y arriver, la Vallée de Rephaim fameuse par les victoires que David y remporta sur les Philistins : j'ai vû sur cette route une mazure que l'on dit avoir été la mazure du Prophéte Simeon, cette mazure n'est pas éloignée du Tombeau de Rachel, & d'un Couvent fort délabré qui fut autrefois bâti à l'honneur de de Saint Elie : j'ai aussi visité dans Bethléem tous les saints lieux ; l'endroit où l'on dit que naquit Jésus-Christ ; la Créche où l'on veut qu'il ait été posé, la Chapelle des Innocens, & de Saint Joseph près de celles de Saint Jerôme, & de Sainte Paule d'Eustochium : on montre dans le voisinage de Bethléem les Fontaines, les Lavoirs, & le terrain où le Roi Salomon avoit

fait

fait planter ses Jardins ; mais, à vous parler franchement, je n'ai trouvé aucun reste de la magnificence de ce Prince : on voit à l'Occident de la Ville un Puits de David que quelques Hébreux prennent pour un antre où le Saint Prophéte se cacha pour se garentir des fureurs de Saul qui le poursuivoit, & pour rendre la chose plus touchante, ils ajoûtent que ce Prince y doit avoir composé le *de Profundis* : on trouve ce Puits à un mille d'un Aqueduc ruiné qui portoit autrefois les eaux des Lavoirs de Salomon jusqu'à Jerusalem. Nous sommes rentrez dans Bethléem pour diner au Couvent des Religieux de Saint François, lesquels sont obligez de recevoir & de donner à manger à tous les Pélerins qui y passent : ce qu'il y a d'embarassant pour eux, c'est que les Mahométans les contraignent d'exercer envers eux

la même hospitalité dont ils abusent trop souvent. Du Bourg ou du pauvre Village de Bethléem j'ai repassé dans deux heures à la Cité Sainte, où j'ai continué de visiter ce qu'on y trouve de plus curieux : on m'a montré le lieu où étoit la maison de St. Pierre, la maison de Zébédée, & une petite Eglise bâtie sur les ruines de l'ancienne demeure de Saint Marc : les Syriens possesseurs de cet endroit m'ont fait voir un Manuscrit Syriaque du Nouveau Testament qu'ils soûtiennent venir de Saint Polycarpe; j'ai aussi vû dans leur petite Eglise des Fonds de pierre où les Apôtres batisoient ceux qui demandoient le Batême : de ce Couvent j'ai passé à celui des Arméniens qui renferme la plus grande partie du Mont de Sion, lequel est, comme je vous l'ai déja dit, dans l'enceinte de la Ville; j'ai vû deux Autels dans cette Eglise
d'une

d'une magnificence qui n'eſt pas commune; il y en a même fort peu dont le tréſor ſoit auſſi conſidérable: on dit qu'on m'a montré, ſans que j'y aye fait attention la Maiſon d'Anne; en me conduiſant par la Porte de Sion à la maiſon de Caïphe, où l'on voit dans une Chapelle encore deſſervie par les Armeniens la pierre dont on ſe ſervit pour fermer le Sepulchre du Sauveur: on ne découvre qu'une partie de cette pierre que les Chrétiens peuvent baiſer par dévotion: les fidéles en ont auſſi beaucoup dans ce même endroit pour une petite Cellule où l'on prétend que nôtre Sauveur fut enfermé avant que d'être conduit devant Pilate; c'eſt fort près de la chambre où Saint Pierre doit avoir renié ſon Maître; & la Sale où Jeſus inſtitua la Sainte Cêne eſt voiſine d'une aſſez belle Moſquée. J'ai viſité dans un Jardin planté au pied du Mont Moriach plusieurs grandes voutes qui joignent la Montagne de ce côté-là, lesquelles avancent bien cent trente pas sous terre; on croit que c'étoit un ouvrage souterrain fait dans le dessein d'étendre la Cour du Temple de Salomon, dont je n'ai apperçû que d'assez loin les superbes restes de la premiére porte, laquelle est encore aujourd'hui la principale entrée de la grande Mosquée que nul Chrétien n'a la liberté d'examiner : On m'assure que le peu qui reste du Temple est parfaitement beau; mais comme il est bien plus aisé de le croire que de l'aller voir, vous ne trouverez pas mauvais que j'en sois demeuré là, pour être en état de visiter tranquilement le Lavoir de Bethsabé, lequel est au bas du Mont de Sion : on veut que ce soit le même où l'aperçut David lorsqu'elle s'y baignoit. La Vallée d'Hid'Hiron peu éloignée de ce Lavoir fournit encore quelques curiositez; j'ai vû à son Occident le champ du Potier & celui du sang qui fut ainsi nommé, comme vous devez l'avoir lû, parce qu'il fut acheté des piéces d'argent qui furent le prix du sang de Jésus-Christ: sans s'éloigner de ce petit terrain que le Bacha afferme aux Arméniens, on trouve l'extrêmité de la Vallée d'Hiron qui se mêle avec celle de Josaphat dont le torrent de Cédron arrose quelquefois les bords: on m'a fait voir dans cette derniére Vallée le fameux Puits de Néhémie que l'on révére autant qu'un arbre que l'on trouve à sa gauche lequel doit marquer l'endroit où fut scié le Prophéte Isaye. Le bourg & le Lavoir de Siloé sont à quatre vingts pas de là; & vis à vis d'une belle Fontaine, à laquelle on donne autant de popriétez que de noms différens,

rens, nous avons déterré avec assez de peine, les fondemens d'un Palais où l'on soupçonne que Salomon entretenoit ses femmes étrangeres : on voit à un mille de cet endroit la Montagne d'Offense ainsi nommée parce que ce Prince y fit bâtir de belles maisons dans lesquelles il se renferma avec les femmes qui le subjuguerent; tout ceci pourtant n'est que des conjectures très hazardées ; d'autant mieux que l'on ne trouve ni Inscription ni Piramide qui nous fasse distinguer en détail tous ces différens lieux. Je me suis promené dans un champ que l'on nomme Alcedama où l'on croit que se pendit Judas : ce champ n'est pas éloigné du Village de Siloé, & d'un Sepulcre bien entier que l'on dit être celui de Zacharie : on trouve au fond de la Vallée de Josaphat une Grotte où la Sainte Vierge doit avoir été enterrée selon

lon la tradition du Païs; j'y suis descendu par un escalier qui anciennement devoit être fort beau; & j'ai vû dans la même cave le Sepulcre de Sainte Anne, & celui de Saint Joseph. J'ai ensuite visité les Sanctuaires qui furent autrefois bâtis sur le Mont des Oliviers; il y avoit anciennement une Chapelle fondée sur le lieu d'où Jésus-Christ quitta la terre pour monter au Ciel : les Turcs ont établi une Mosquée dans cet endroit-là : il y en a plusieurs autres fort respectez dont les Infidéles se sont emparez bien autant par avarice que par dévotion. J'ai visité le prétendu Palais de Pilate occupé présentement par un Janissaire qui m'a permis de monter sur la terrasse de sa Maison, d'où j'ai examiné de mon mieux la situation du lieu où fut autrefois bâti le Temple du Seigneur : je ne croi pas qu'il soit possible de trouver

dans

dans le monde un endroit plus convenable que m'a paru celui-là pour élever un bâtiment auguste; il y a une Mosquée au milieu de ce terrain que l'on dit être bâtie sur une partie des fondemens du Temple; cette Mosquée n'a d'autre beauté que l'avantage de sa brillante situation: dans cette même maison que l'on suppose toûjours être celle de Pilate; on montre aux Curieux la chambre où l'on se moqua témérairement du Fils de Dieu: j'ai vû sur le Mont de Gihon un beau Lavoir qui porte son nom lequel est assez bien conservé. Pour Jerusalem elle est sans contredit présentement la Ville de Turquie la plus mal propre & la plus triste; on supputé qu'elle peut avoir encore trois milles de circuit: mais tout ce qu'on y voit m'a paru moderne: il n'y a que la situation du Temple qui n'a pu être changée, & une partie de son
Por-

Portique que le temps a épargnée & que les Turs conservent, comme tout l'ornement de leur Mosquée : cette Ville me paroît mal peuplée ; la plus grande partie de ses habitans consiste dans la Milice du Bacha, ou du Cadis, sans y comprendre cinq ou six cens Religieux Turcs qui desservent leurs Mosquées : les autres habitans sont des Arabes, des Juifs, des Chétiens Schismatiques, des Grecs, des Arméniens, des Maronites, des Abissins, des Nestoriens, & des Latins presque tous Recolets, ou Cordeliers : la plus grande partie des derniers réside dans le Couvent de Saint Sauveur dont le Gardien, qui n'est jamais François, officie pontificalement, & a le droit de recevoir des Chevaliers du Saint Sepulcre.

Je pars demain de la Sainte Cité

té pour prendre la route de Damas, d'où je regagnerai Alexandrie pour repasser en Europe. Vous serez le premier informé de la route que j'aurai tenue, & du succès de mon Voyage.

A Jérusalem le 3 Juin; 1721.

XII.

XII. LETTRE.

EN partant de Jérusalem, j'ai suivi la même route que j'avois déja faite de Caphar-Arab à la Sainte Cité; mais de Caphar-Arab, j'ai traversé la Plaine d'Esdrelon, laissant Acre sur ma gauche pour prendre le chemin de Nazareth: j'ai vû en passant les ruines de la Ville de Jacen, sans vouloir me donner la peine de visiter le Château dans lequel un Prince Arabe, & très Arabe, fait sa résidence. Nazareth n'est aujourd'hui qu'un fort mauvais Village situé dans une petite Vallée bornée par une Montagne assez haute dont le sommet est occupé par sept ou huit Moines Latins qui y vivent dans une grande mortification: l'Eglise de Nazareth
bâtie

bâtie dans une vaste grotte est entiérement abîmée : On honore cet endroit comme celui où l'on suppose que la Sainte Vierge reçut le message de l'Ange quand il lui dit ; *je vous salue Marie pleine de grace* : cette Eglise étoit bâtie en forme de Croix, & le Rocher naturel lui sert encore de voute ; j'ai vû à vingt pas de cette Eglise les ruines de la Maison qu'habitoit Joseph ; dans laquelle quelques Savans prétendent contre le sentiment des Juifs que Jésus-Christ ait passé près de vingt ans : On m'a montré près de cette Maison les ruines de la Synagogue, où nôtre Seigneur fit un Sermon raporté dans le quatriéme Chapitre de Saint Luc : l'Impératrice Héléne fit bâtir deux belles Eglises dans ces deux endroits, où les monumens de sa piété ne subsistent plus : j'ai monté avec assez de peine sur le Mont de Thabor qui n'est n'est qu'à deux lieues de Nazareth ; c'est une Montagne très haute & fort belle que l'on trouve dans la Plaine de Galilée, mais je ne sais si l'on peut bien assurer que ce soit la même sur laquelle le Seigneur se transfigura : le sommet de cette Montagne est fertile & fort agréable ; quelques restes de murailles & de fossez revêtus m'ont fait juger que cet endroit anciennement pouvoit avoir été fortifié : j'ai logé à Nazareth dans l'Hospice des Peres Cordeliers, desquels j'ai pris congé pour reprendre le chemin d'Acre : j'ai passé pour m'y rendre par d'assez belles Plaines quoi qu'elles n'approchent pas de la beauté de celle de Zabulon, dont j'ai été charmé : & comme je ne l'étois pas des Villes d'Acre & de Seyde, je n'ai pas jugé à propos dy séjourner ; j'ai pris à Seyde la route de Damas où je serois arrivé dans trois jours

jours si je n'en eussé passé quatre sur le Liban, lequel est une Montagne d'Asie entre la Palestine, & la Syrie : on croit que son nom de Liban signifie blanc ; parce qu'effectivement la Montagne est toûjours couverte de Neige dans sa partie Septentrionale : les gens du Païs assurent que le Liban a bien cent lieues de circuit ; ses deux extrêmitez touchent d'un côté la Syrie, de l'autre côté la Phénicie : la Mer Méditerranée en baigne les bords du côté de l'Occident ; quatre ceintures de Montagnes les unes sur les autres font le Liban dont je n'ai vû tout au plus que la moitié de la premiére partie que j'ai trouvée bien cultivée, & fort habitée ; la seconde partie que je n'ai pû visiter est pierreuse & difficile quoi que fort agréable par quantité de Fontaines dont les sources, qui ne tarissent point, contribuent à son

embel-

embellissement : la troisiéme est si belle que bien des gens l'ont prise pour le Paradis Terrestre; & la quatriéme éloigne tous les Curieux : Le Jourdain, Rochan, Nahar, Rossens, & Naharcadicha nommé le Fleuve Saint, ont leurs sources, à ce qu'on dit, dans ces Montagnes, qui ne furent habitées, selon nous, qu'après le déluge : ceux qui consultent les Egyptiens & les Préadamites s'opposent avec beaucoup d'opiniâtreté à la vérité de cette Epoque. On trouve sur le Liban quelques petites Villes, & plusieurs Bourgs assez peuplez de Druses & de Maronites; ces derniers sont les meilleurs Catholiques de l'Orient. On compte sur la fertile Montagne qu'ils occupent seize vieux Cédres d'une grandeur prodigieuse, & quantité de petits qui croissent insensiblement; c'est de cette même

Montagne que le Roi Salomon tira les Arbres qu'il employa à la construction du Temple : le bois de Cédre est incorruptible, & fort élevé, & ses feuilles & ses fruits ont toujours leur pointe tournée vers le Ciel. L'Antiliban ressembleroit fort au dernier s'il étoit autant peuplé de Maronites & de Druses : ceux-ci dont on ne connoît pas trop la Religion ont de si grands défauts que je n'ay pas voulu me laisser persuader qu'ils descendent d'une Colonie Françoise qui s'établit dans la Palestine sous le Regne de Godefroi de Bouillon : ces Druses ont des Princes & des gens de qualité parmi eux autant que les Maronites; mais ces derniers sont plus humains & plus honnêtes gens. Après avoir un peu visité le Liban ; j'ai repris le chemin de Damas, laquelle étoit autrefois la Capitale de la Syrie, comme elle l'est aujourd'hui d'hui de la Phénicie : c'est une des plus belles & des plus riches Villes de l'Empire; le Grand-Seigneur y tient un Bacha, dont le poste est fort brigué au Serrail. On prétend que Damas a été bâtie par un petit Fils de Noé; quoi qu'il en soit, elle est située dans une charmante Plaine au pied du Mont Liban; un nombre de belles Collines l'entourent sans la gêner, & enrichissent autant sa vûe que la Riviére de Baraddi, qui se divise en deux, contribue par l'abondance de ses eaux à la beauté de ses Jardins & à la fertilité de ses charmantes campagnes. Une grande quantité de Fontaines, & de Bâtimens bien entretenus rendent cette Ville tout à fait agréable ; aussi l'Ecriture l'avoit anciennement nommée Ville célébre, & de volupté ; bien des Auteurs l'appellent aussi le Paradis du Monde : elle n'est pas moins fameuse par la bonté de ses fruits & de ses Vins, qu'elle l'est par un grand nombre de Manufactures dont les belles étoffes de Soye qui s'y font, trouvent par tout un grand débit ; mais rien ne se négocie dans cette Ville que par l'entremise des Juifs qui y sont presque les maîtres du Négoce. Toutes les Sectes des Chrétiens Orientaux ont leurs établissemens dans Damas; & j'y ai trouvé cinq ou six cens Catholiques dirigez par des Jésuites, des Cordeliers, & des Capucins qui ne sont pas mal à leur aise. L'Histoire nous apprend les malheurs de cette Ville qui fut si souvent prise & reprise par tant de différentes Nations : j'ai inutilement tenté d'y visiter la belle Eglise de Saint Jean dont les Turcs ont fait une superbe Mosquée ; on m'a assuré que les Réligieux Mahométans qui la desservent, y conservent avec beaucoup de respect

pect la tête du Saint Précurseur; je n'ai pas trop voulu aprofondir la chose pour ne point allarmer les Eglises qui se parent de ce précieux dépôt. De Damas j'ai été visiter les ruines de Balbec qu'on croit être l'ancienne Heliopolis, ou Ville du Soleil; elle n'a conservé que son agréable situation, & quelques débris d'un vieux Temple qui peut avoir eu sa beauté: j'ai trouvé à deux cens pas de ce Temple une rangée de Pilliers de l'Ordre Corinthien très massifs & fort élevez qui marquent bien que le bâtiment auquel ils ont servi devoit être magnifique dans son temps: on voit sur quantité de pierres employées dans les murailles de Balbec, des Inscriptions, des Lettres, & des noms Romains lesquels sont si effacez qu'on ne sauroit les bien déchiffrer, outre que les Turcs qui sont fort insolens dans ce Canton

là n'en donnent point la liberté. C'est sur les Montagnes voisines de Balbec qu'Abel fut tué par son frére; on montre le prétendu Sepulcre du premier sur le sommet d'nne Montagne sur laquelle j'ai grimpé avec beaucoup de peine; on y trouve quelques Habitans échapez d'une Nation fort étendue qui compte d'être redevable de son origine à Abel: si ces chastes Auteurs qui par les lumiéres de quelques Révélations ont sû que ce second Fils d'Adam avoit conservé sa Virginité jusqu'à sa mort, veulent prendre la peine de parler avec les Savans de ces Peuples, ils trouveront gens qui ne manqueront pas de leur répondre. De Balbec j'ai repassé par l'Antiliban, sur lequel il ne faisoit pas bien chaud, & après avoir visité le Patriarche des Maronites dans son Couvent de Canobie, je me suis rendu à Tripoli de Syrie, où
je

je trouve un bon embarquement pour Chipre; je change d'une certaine façon ma route que je ne dirige plus par l'Egypte; j'y trouve d'autant mieux mon compte que je me raproche un peu de vous.

A Tripoli ce 28. Juin 1721.

XIII. LETTRE.

J'Ai passé fort heureusement de Tripoli à Chipre; je me suis débarqué à Lernica où se tient le Consul de France avec le gros de la Nation: si l'air de cette Isle n'étoit pas aussi pesant, & aussi mauvais qu'il l'est dans certains tems de l'année; Chipre seroit un séjour délicieux; les Vins les plus exquis, & le gibier le plus délicat s'y trouvent en abondance, & les plaisirs innocens, comme les plus recherchez s'y prennent à fort peu de frais : Cette Isle, comme vous ne l'ignorez pas, fut consacrée à Venus ; parce que ses habitans ont été de tout tems d'une complexion amoureuse: cette Déesse native du Cerigo aussi bien que la belle Héléne quitta son Païs natal pour passer dans ce Royaume où elle fonda Cythere ; elle se plaisoit fort à Paphos, & ne se divertissoit pas mal à Amathonte : ces trois Villes lui bâtirent des Temples célébres dont je n'ai trouvé que des misérables restes : ainsi je puis vous assurer que je n'y ai point sacrifié. Cette Isle qui peut avoir six vingts lieues de tour fut divisée autrefois en neuf Royaumes dont les Rois très indignes de ce titre se détruisoient de leurs propres mains ; le Sultan Selim sur la réputation de ses Vins la fit passer sous sa domination en 1571. J'ai été contraint, ne pouvant mieux faire,

de

de passer de Chipre à Rhodes pour y profiter de l'occasion d'un Navire Malthois qui y chargeoit de l'huile & des Vins; je m'y suis embarqué par un assez mauvais tems qui nous a fait courre bien de l'eau pendant trois jours que j'ai trouvez fort longs: nous avons relâché sur une Côte de Caramanie; & le Vent s'étant calmé pour nous surprendre; nous avons essuyé, après avoir mis à la voile, une effroyable tempête que nous avons laissé dissiper à Santhurin, où j'ai pris terre avec autant de peine que de danger. Cette Isle est fertile & bien cultivée; sa principale Ville à l'obligation aux Peres Jesuites d'être la plus Catholique & la mieux policée de l'Archipel: la Mer qui entre dans le Port de Santhurin, ou qu'on voit sur cette côte là, paroît toute noire & brûlée, à cause des Mines de souffre qui sont dessous ou aux environs de l'Isle; il s'y allume très souvent des feux qui poussent des flames fort loin, mêlées de pierres ponces qui s'élévent en l'air avec tant de violence que les Côtes voisines sont épouvantées du bruit qu'elles font: il y a quatre vingts ans qu'il sortit une prodigieuse quantité de ces pierres; & depuis huit ou neuf une nouvelle Isle qui peut avoir un mille de contour sortie du sein de la Mer, s'est établie vis à vis du même Bourg de Thera ou de Santhurin; d'où nous nous sommes jettez dans le Port de Nyo dont le Bourg est aussi miserable que le reste de l'Isle dans laquelle j'ai trouvé deux Evêques de quelque autre Ville de Grece qui achevoient de la ruiner & de la corrompre: ceux de cette Isle se flattent d'avoir en dépôt les cendres d'Homére dont ils ont cru me montrer le Tombeau; après m'avoir fait voir la lame d'un Sabre dont la garde &

la

la poignée étoient d'or maſſif, le Caſque & le Bouclier étoient d'un autre métal au grand regret d'un Papas Grec lequel a fait cette trouvaille dans une Tombe d'un fort beau marbre blanc qu'il découvrit il y a vingt ans dans les fondemens d'une Maiſon qu'il avoit fait abatre : ce Tombeau ſera celui d'Hector, d'Achille, d'Uliſſe, ou de quelqu'autre Capitaine Grec; vous le nommerez tout comme il vous plaira; mais ceux de Nyo prétendent que c'eſt la Sepulture d'Egée dont la Mer leur apporta bien honnêtement le corps après que ce Prince ſe fut enſeveli dans les flots. De Nyo, nous avons gagné le port de Milo dans lequel je me ſuis ennuyé près de ſix ſemaines ſans en pouvoir ſortir : la Ville de Milo ou de Melos ſeroit agréable ſi elle étoit habitée par des gens qui le fuſſent; elle eſt ſituée dans une jolie Plaine qui lui fournit abon-

H 6 dam-

damment toutes sortes de grains, & ses Montagnes remplies de gibier lui donnent aussi bien que les Vignes qui sont plantées sur des Côteaux assez agréables des Vins que l'on estime à Malthe, & dont on fait un grand débit à Corfou pour l'Armée des Venitiens. Le Couvent des Capucins dans lequel l'ignorant Missionnaire ne connoît plus depuis long-tems la régle de S. François, est aussi bien bâti que joliment situé : je n'ai pas plus regretté le séjour du Milo que la mauvaise compagnie du Consul qui certainement n'honore point cet emploi ; il en avoit auparavant un autre dans les Vaisseaux du Roi sur lesquels il servoit en qualité de Pilote ; il voulut être le nôtre pour nous tirer de son Port dont la sortie n'est pas aisée ; il nous a fait sortir à la vérité, mais à peine fumes nous en pleine Mer qu'une tempête effroiable que tous les Matelots

telots avoient prévûe nous a jettez dans le Port d'Andros dont le Bourg est fort peuplé: l'Evêque Latin y vit avec édification dans son Isle qui est fertile & bien cultivée; nous en sommes partis pour continuer nôtre route, mais les Vents nous ont encore contraints de chercher un asile que nous avons trouvé à Napoli de Romanie, dont le Vice Consul de France qui est un joli Languedocien fait grandement les honneurs. Napoli que les Anciens nommoient Anaplia Capitale du Royaume de Morée est située sur le haut d'un petit Promontoire qui se sépare en deux; elle est extrêmement peuplée; & défendue par des murailles que les Armées de Mahomet second, & du Sultan Soliman ne purent forcer: si les Venitiens l'eussent aussi bien défendue en dernier lieu, peut-être qu'elle n'auroit pas changé de Maître; ce qu'il y a de bien sûr c'est que le séjour en est délicieux. Le Patriarche des Grecs en a vendu l'Archevêché à un petit Rousseau lequel étoit encore revêtu pendant le dernier siége de Corfou de la dignité de Mousse : Ce Prélat a déja reçu quelques rudes corrections du Bacha de la Morée, lequel aura bien de la peine d'en faire un honnête homme.

Nous avons repris la route de Malthe sans être plus heureux dans nôtre navigation ; je ne m'en suis pourtant point affligé après avoir pris terre à Modon où j'ai fait la connoissance de Monsieur Clerambaut Consul Général de la Morée. J'ai passé quinze jours dans le Peloponése ; le Capitaine de nôtre Vaisseau ayant eu besoin de ce tems-là tant pour radouber son Navire que pour charger des grains. Modon que les anciens nommoient Methone, a de bonnes murailles que le Commandant des Venitiens a

fort

fort bien défendues ; elle est triste, pauvre & dépeuplee ; mais sa campagne est très riante, & fournit dans chaque saison tout ce qu'on peut souhaiter pour la commodité de la vie. Coron que j'ai été visiter est une grande Ville, que son Gouverneur a lâchement rendue, quoique la force de ses Remparts dût encourager celui qui la devoit défendre. Calamate, Navarin, & Lepante paroissent aussi tristes que Patras, laquelle est une des plus belles Villes du Peloponese : elle est une des quatre Metropoles de la Morée dont le Metropolitain a près de mille Eglises dans l'étendue de son Archevêché : j'y ai trouvé les débris de plusieurs Temples célébres consacrez anciennement à Athis, à Jupiter Olimpien, à Minerve, à Cibele, & à d'autres fausses Divinitez : celui de Diane est le moins maltraité ; on y adoroit autrefois

cette

cette sauvage Déesse à laquelle on sacrifioit tous les ans un jeune Garçon, & une jeune Fille : j'ai trouvé dans les Jardins qui sont plantez à demie lieue de la Ville, des Cédres fort beaux mais beaucoup moins élevez que ceux du Mont Liban; nous sommes revenus dans trois jours de Patras à Modon, où j'ai attendu tranquilement que le Vent nous tirât des Côtes de la Morée.

La Morée est une grande presqu'Isle au midi de la Grece nommée autrefois le Peloponese ; le circuit de cette presqu'Isle est d'environ 550. milles. Ce Royaume pourroit bien tirer son nom de *Mauria*, parce que sa figure ressemble à la feuille du Meurier, ou des Maures qui doivent y avoir établi une colonie : quoi qu'il en soit, ce Païs est aujourd'hui divisé en quatre Provinces, dont celle de Clarance qui portoit anciennement le tître de Duché est la plus étendue ; la petite Romanie qui

qui faisoit autrefois la plus grande partie du Royaume d'Argos & dont Napoli est présentement la Capitale, est une bonne & fertile Province célébre par le Marais de Lerne sur les bords duquel Hercule fut vainqueur de l'Hidre à sept têtes, c'est à dire des sept Freres qui désoloient le Païs par leur tirannie. Malvoisie, dont le Château devoit être comme imprenable de la maniére que les Turcs assiégent présentement les Places, est la plus considérable Ville de ce Canton-là, très renommée par l'excellence de ses Vins, & la bonté du gibier qui s'y trouve en très grande abondance : la Montagne de Maina autrefois Pholoé est une des plus grandes du Païs. C'est près de là qu'Hercule tua un grand nombre de Centaures, autrement dits des Voleurs, d'une taille gigantesque qui le vinrent attaquer dans la Caverne ne d'un puissant habitant du Païs, qui le régaloit de son bon Vin : le Mont Mycena, qu'on nommoit auparavant Lyceus, n'est pas éloigné de cet endroit où les Lacédémoniens lapiderent le Tiran Aristocrate. On trouve sur la Montagne de Maina qui fut autrefois dédiée à Apollon, à Bacchus, à Cérès, & à Diane, les ruines de plusieurs beaux Temples que les Moraïtes avoient élevez à l'honneur de ces fausses Divinitez.

Les deux Fleuves les plus célébres de la Morée sont le Carbon ou l'Orfea, & l'Eurotas. Le Carbon, anciennement Alpheus, sort du Mont Poglizi d'où il passe dans la Province de Belvedere pour s'aller perdre dans le Golfe d'Arcadie : on dit que ce Fleuve reçoit dans sa course plus de cent torrens, & comme il se cache souvent sous terre & qu'il en sort toûjours avec plus de force; les Poëtes ont feint qu'il passoit

passoit dans la Sicile par dessous la Mer pour marier ses eaux avec celles de la Fontaine d'Arethuse. On voit sur les bords de l'Eurotas des troupes de Cygnes dont la beauté est extraordinaire; les Poëtes consacrerent ingénieusement ce Fleuve à Apollon à cause que ses rivages sont bordez de Laurier: l'Acheron tant de fois cité, est plus considérable dans les Fables qu'il ne le paroît dans l'Epire.

Le climat de la Morée est fort sain, le Païs est très vaste & des plus fertiles : & ses habitans entiérement subjuguez ne manquent ni d'industrie ni de courage : Ce Royaume après avoir bien souvent changé de Maître fut enfin sous la domination d'Emanuel Empereur Grec dont les vices ont étouffé le peu de vertu que pouvoit avoir ce Prince, lequel partagea ses Etats entre cinq ou six de ses fils qui furent nommez Despotes, c'est à dire,

dire, Seigneurs : dans la suite des tems ces dignitez se donnerent non seulement à leurs héritiers, mais aussi à ceux dont les peres s'étoient signalez par leurs belles actions : l'an 1448. un Constantin Dracoses auparavant Despote de la Morée s'étant fait reconnoître Empereur partagea ce Royaume entre Demetrius, & Thomas ses freres; l'un eut Sparte, & l'autre Corinthe, dont ils furent chassez par leur mésintelligence, laquelle offrit l'entrée de leur Païs à Mahomet second qui s'en empara sous le prétexte de secourir Demetrius contre son frere Thomas : ce dernier se réfugia à Rome où il porta la tête de l'Apôtre Saint André ; & son frere plus crédule que lui suivit le Sultan à Andrinople dans laquelle il périt misérablement. Enfin le tems s'étant mis tout à fait au beau ; je me suis rembarqué à Modon avec la peine qu'un qu'un homme peut sentir quand il quitte un des meilleurs & des plus beaux Païs de la terre; & après avoir essuyé quelques coups de vent dans le Golfe de Venise, je suis heureusement entré dans ce Port, où j'ai eu la permission de faire sur mon Vaisseau une quarentaine de trente jours; elle n'a pas été plûtôt finie que ma premiére attention a été d'aller baiser la main du Grand Maître de Zondadari Prince dont on ne peut dire trop de bien; il passe dans sa Principauté pour le Pere des Chevaliers, & le Protecteur de ses Sujets : la Nation Françoise quoique la plus nombreuse ne brille dans Malthe aujourd'hui qu'après la Portugaise; le Bailli Dom Antoine de Manuel qui en est comme le Chef le pourroit bien devenir de tout l'Ordre, au cas qu'il survive au Grand-Maître d'àprésent : cette élection ne pourroit faire que beaucoup d'honneur aux per-

personnes qui s'en feroient mêlées.

Malthe est une Isle de la Mer Mediterranée sur les Côtes d'Afrique que les Latins ont nommée *Melita*; elle est à 150. milles de Thunis, & à 80. de la Sicile dont elle tire généralement tous ses vivres : l'Isle peut avoir dix lieues de longueur & six de largeur; elle est bordée de plusieurs Châteaux qui en défendent les approches : ses deux principales Villes sont la Cité Vieille où l'Evêque a son Siége; & la Capitale dans laquelle le Grand-Maître & tous les Chevaliers font leur résidence : celle-ci comprend la Cité de la Valette laquelle porte le nom du Grand-Maître qui la fit bâtir; elle est située sur le Mont Sceberas, & renferme le Palais du Prince qui n'est point réguliérement bâti; l'Arcenal bien muni & bien tenu; l'Infirmerie qui mérite d'être vûe &

dans

dans laquelle tous les pauvres sont servis comme les Chevaliers ; la belle Eglise de Saint Jean dont le trésor est inestimable ; & les Hôtels ou Auberges de chaque Langue qui sont superbement bâtis. Cette Ville est une des plus fortes places de tout l'Univers tant par sa situation, que par la bonté de ses fortifications : on la divise en trois parties lesquelles sont autant de grandes Villes séparées par un bras de mer qui en fait des presqu'Isles qui paroissent comme des Rochers fort élevez de la Mer où elle forme des Ports capables de renfermer des Armées Navales ; le Fort Saint Elme qui protége le grand Port est aussi régulièrement fortifié que le Château Saint Ange dont le Sultan Soliman ne put se rendre maître après un siége de quatre mois : les Palais comme les Maisons Bourgeoises sont bâtis de pierre de taille, dont les toits
sont

font autant de Plateformes lesquelles font faites dans le goût Moresque d'une espéce de ciment que la pluye ne peut percer; on compte sur le terrain de l'Isle cinquante Bourgs ou Villages fort peuplez, & dans le Domaine du Prince trois petites Isles qui ne font pas éloignées de Malthe: Legoze dont le Bourg est soûtenu d'un bon Château est la premiére; celle de Comine qu'un Fort considérable défend, est la seconde; & Farfara que ses Rochers ont naturellement fortifiée, est la troisiéme: le terroir ne produit ni du vin, ni du blé; mais on y mange des melons délicieux, des Oranges meilleures qu'elle ne le font en Portugal, & tous les plus excellens fruits que nous trouvons dans les climats les plus fortunez d'Europe; outre que le Coton & le Lin y croissent en abondance: enfin si Malthe n'est point la plus agréable

ble Ville que l'on voye; elle peut se vanter d'être la seule du monde Chrétien où l'on trouve l'élite de la Noblesse la plus distinguée.

J'y ai passé deux mois qui m'ont parus bien courts; mais comme il n'est point de si bonne compagnie qui ne se sépare d'une maniére ou d'une autre, le premier beau jour sera celui de mon départ: je passe à Livourne sur un bon Vaisseau Marchand que mes amis ont pourvû de toutes sortes de provisions. Faites toûjours un bon usage des vôtres, & ne les consommez, s'il est possible; qu'avec des gens de choix.

A Malthe le 2. Octobre 1721

XIV. LETTRE.

LE beau tems m'a tiré de Malthe, & le vent qui n'a cessé de nous être favorable, nous a portez dans quatre jours à Cagliari Capitale de Royaume de Sardaigne, laquelle n'est belle ni bien peuplée, quoique le Viceroi, & la plus grande partie de la Noblesse y fassent leur séjour ordinaire. La Ville est située sur un petit monticule au bord de la mer : l'air n'y est point bon & le païs, comme ceux qui l'habitent, ne valent pas grand' chose : un Prêtre m'y a montré une Médaille d'un Sardus fils d'Hercule lequel ayant conduit une Colonie d'Avanturiers dans l'Isle fonda cet Etat qui porte le nom de son Fondateur : le Cedro & le Tirso arrosent ce petit Royaume me dont le séjour étoit encore si décrié du tems des Empereurs Romains qu'ils y envoyoient en exil les personnes de qualité dont ils vouloient se défaire.

De Cagliari nous avons touché à l'Isle de Corse où le Capitaine du vaisseau avoit des affaires à régler: l'Isle de Corse n'est pas plus marchande ni plus fertile que l'est celle de Sardaigne; celle-ci se croit encore fondée par un Cyrnus autre fils d'Hercule; d'autres donnent l'honneur de sa fondation à une veuve de Ligurie laquelle y conduisit courageusement une Colonie de son Païs; ce qu'il y a de plus certain c'est que les Corses passent pour les Démons de l'Italie: un Capucin m'y a fait acheter deux Médailles, dont l'une représente Sylla, & l'autre Marius: on dit que le premier fonda la Ville d'Aleria, & que le second y bâtit celle de

Mariana, aussi abîmée à présent que la premiére. Nous avons passé dans 18. heures de l'Isle de Corse à Livourne, ou Ligourne plus fameuse par le grand commerce qui s'y fait que par son ancienneté. C'est une des plus jolies Villes de l'Etat du Grand-Duc ; & c'est bien celle où il y a le plus grand abord de Marchands étrangers que le commerce y attire ou qui s'y rétablissent, parce qu'on n'y peut point être arrêté pour dettes : la Ville est assez bien bâtie ; la grande place est assez belle, & ses rues mieux percées qu'elles ne sont bien pavées : il y a un grand & un petit Port ; le premier a été rendu commode par la dépense qu'on à faite d'un beau Mole, & de quelques tours ; l'autre dont l'entrée est fort étroite n'est bon que pour les Galeres : on y voit une admirable Statue de fonte du Duc Ferdinand, lequel tient sous
les

les pieds quatre esclaves enchaînez. L'Isle où l'on fait quarantaine ne m'a paru fort belle qu'aprèsque j'ai eu fini la mienne. On vit fort chérement à Livourne ; mais c'est la Ville d'Italie où je me plairois davantage : il s'en faut de beaucoup que Pise quoique bien plus considérable & par son ancienneté & par la beauté de ses édifices, soit aussi agréable ; la grandeur de sa Metropole avec ses soixante Colomnes de marbre, ses portes qu'on dit, sans que je le croye, avoir servi au Temple de Salomon ; son Clocher à six ou sept étages qui panche ; le Cimetiere dit le *Campo-santo* ; le Palais du Prince ; la Maison de Ville ; & le Jardin de Médecine quoique très curieux à voir, ne m'ont pas empêché de m'ennuyer beaucoup : je n'y ai eu que la conversation d'un Noble chez lequel m'a conduit un Banquier ; ce Seigneur Pisan m'a reçu avec toute la politesse dont les Italiens sont capables; & après m'avoir montré ses Peintures il ne m'a entretenu que des exploits des anciens Pisans, dont les descendans sont tous fiers aujourd'hui de l'honneur que leurs premiers habitans ont eu d'avoir soûmis Carthage. Je n'ai séjourné qu'un jour à Pise; d'où je suis revenu à Livourne pour m'embarquer sur une Felouque, qui m'a rendu en quatre jours dans ce Port, où j'ai fait une courte, mais très exacte & fort chére quarantaine, dont je fus quitte avant hier: je vais souper ce soir, & prendre en même tems congé du Marquis de Mar., Officier Général en Espagne; & je pars demain pour Alexandrie, où je n'aurai pas la complaisance de m'ennuyer comme j'ai fait ici.

A Génes ce 28 Novembre 1721.

XV.

XV. LETTRE.

LE Marquis de Cassini m'a retenu deux jours à Alexandrie dite de la Paille, laquelle est située sur la Riviére de Tanaro: la Ville est assez grande, mais elle est triste, pauvre & mal bâtie; ses habitans ont le cœur Espagnol, & n'aiment point la domination Piémontoise: j'ai passé par la triste Cité d'Asti, & ne me suis arrêté qu'à Keri où j'ai couché: c'est une petite Ville assez jolie remplie de gens de condition; les Maisons de Balbis, de Broglio, de Berton-Crillon, & de Balbiano en sont sorties, & chacune de ces Maisons a sa Chapelle dans l'Eglise Collégiale. De Keri je me suis rendu à Turin en chaise de poste; toute cette route là est sûre, agréable & commode: j'ai eu l'honneur d'être préſenté le lendemain de mon arrivée en cette Cour à Madame Royale, par la Marquiſe de la Monta, & j'ai été viſiter enſuite la Venerie, dont les Jardins m'ont parus auſſi beaux que bien entretenus; ceux de Rivoli ne ſont encore rien, & n'aprochent point de la beauté du Château.

Turin qui eſt la même que *l'Auguſta Taurinorum* des Anciens, eſt, comme vous ſavez, la Capitale du Piémont, & le ſéjour ordinaire des Ducs de Savoye; ces Princes ont voulu qu'elle fût la réſidence de la Chambre des Comptes, & du Senat; & l'ont rendue indépendamment de ſon heureuſe ſituation, une des plus belles & des plus fortes Villes d'Italie: elle eſt double, vieille & nouvelle avec des Baſtions, & des dehors bien revêtus; ſon aſſiette eſt à dix huit mille des Alpes

Alpes dans une Plaine, ayant le Po d'un côté, & la Doire de l'autre: le Palais des Ducs n'eſt magnifique que par la richeſſe de ſes meubles; mais on y admire une belle Galerie remplie de quantité de Peintures, & d'un grand nombre de Statues: j'ai vû dans cette Capitale le grand & magnifique Jardin du Prince, des riches Palais, des belles rues, des grandes places, & des Egliſes ſuperbes, dont la Métropole eſt la plus conſidérable, tant par ſon Architecture que par ſon tréſor, qui eſt enrichi d'un Soleil d'or tout couvert de Diamans, & d'un Saint Suaire; je ſuis malheureux de ne m'étre point apperçû, comme ont fait bien des perſonnes, que le Viſage & une partie du Corps du Fils de Dieu étoient empreints deſſus ce précieux linge: on trouve à Turin une ſavante Univerſité, une Académie bien fournie,

& tout ce qui peut rendre une Ville florissante ; outre le magnifique Palais que fait bâtir Madame Royale, lequel passe pour le chef-d'œuvre des Architectes d'Italie. Je ne vous parle pas de la Citadelle, parce que nous ne savons que trop qu'elle est grande & réguliérement fortifiée : la Campagne & les dehors de Turin ont des agrémens infinis ; elle est ornée d'un grand nombre de belles Cassines, lesquelles ne sont séparées les unes des autres que par de vastes Prairies que quantité de petits ruisseaux ne cessent d'arroser : je me promene tous les jours à celle du Comte de la Riviére, où je dine réguliérement chez Mr. de Moleswoort, Envoyé d'Angleterre, chez lequel j'ai fait la connoissance du Marquis de Trivier, qui passe pour le plus accompli Seigneur du Païs ; on peut dire qu'il n'a pas brillé dans le monde
sous

fous une fauffe réputation; & que celle de Monfieur de Moleswoort qui fait les délices de cette Cour le fait eftimer également de ceux qui ne le connoiffent point. Je compte d'être dans dix ou douze jours à Geneve, fi je ne m'arrête point à Chambery : c'eft ce que vous apprendrez par la premiére que je vous écrirai.

A Turin ce 15. Decembre 1721

XVI. LETTRE.

DE Turin, je suis venu coucher à Suse petite Ville du Piémont bâtie au pied du Mont Ceni, où j'ai vû sur un Arc de triomphe une Inscription qui marqueroit assez que c'est en cet endroit que fut dressé le trophée de l'Empereur Auguste. En sortant de Suse j'ai laissé sur ma droite le Fort de la Brunette que le Roi de Sardaigne fait bâtir avec beaucoup de soin & de dépense; & montant le Mont Ceni avec beaucoup de peine, je n'en suis pas descendu avec plus de facilité, pour entrer dans des Vallées assez fertiles, & des chemins fort pierreux lesquels conduisent à Aiguebelle, à saint Pierre du Moutier, & à saint Jean de Maurienne Capitale de la Provinvince ou Vallée de ce nom : c'eſt un très ancien Comté & le premier Héritage des Princes de Savoye : Cette Vallée s'étend depuis les Alpes, juſques à la Riviére d'Iſére d'un côté, & depuis la Tarantaiſe juſqu'au Dauphiné de l'autre ; ſa Ville de Maurienne n'eſt rien ; mais la moindre qualité de Monſieur Baſin de Valpergue qui en eſt Evêque, c'eſt d'être par ſa naiſſance & par ſon Patrimoine un des plus grands Seigneurs de Savoye. On ne trouve de mauvais ſur cette route que les chemins ; & continuant le mien par Montmelian dont les Vins ſont en réputation, j'ai paſſé au pied des ruines de ſon Château qui prouve bien qu'il n'y a plus à préſent de fortereſſe imprenable : de Montmelian je me ſuis rendu à Chamberi où l'on trouve la Nobleſſe de Savoye la plus aiſée & la plus diſtinguée ; on y aime beaucoup l'étranger que chacun y régale à son tour ; & l'on s'y divertit aussi bien que dans des plus grandes Villes : celle-ci peu Marchande, & mal bâtie est située sur la Riviére d'Orbanne dans une fort petite Plaine entourée de collines ; elle est toûjours Capitale du Duché de Savoye quoi qu'elle ne soit plus depuis long-tems le séjour de ses Princes : les Dames comme les Hommes y sont d'un fort bon commerce, & ne haïssent pas plus le jeu que la bonne chére ; entre les bonnes Maisons du Païs, celles de Laval-Disere, de Seyssel, de Chabot, de Blonai, de Montfalcon, & des véritables Aspertins ne sont pas les moins anciennes. De Chamberi passant par la petite Ville de Rumilli, je suis arrivé à Geneve par des chemins qui sont bien souvent impraticables dans cette saison.

Genéve est une Ville des anciens

ciens Allobroges fur les Frontiéres de Savoye fituée fur le Rhône à l'extrêmité du Lac Leman: elle fe gouverne en forme de République; & l'on n'en voit point de plus fagement gouvernée: c'eft une belle Ville, qui felon les apparences fera dans peu parfaitement bien fortifiée, & dont la fituation eft admirable; elle eft bâtie en partie fur une Colline, & l'autre partie eft dans la Plaine laquelle a le Lac au Septentrion; le Rhône qui fort tranquilement de ce Lac entoure la Ville d'un côté, & la fépare de l'agréable partie de Saint Gervais dans laquelle on paffe fur un grand pont de bois. C'eft au bout de la Ville que cette Riviére reçoit celle d'Arve qui eft un autre rempart que Genéve a au Midi. On trouve dans cette Ville-ci un Arfenal bien tenu; une maifon de Ville dont l'efcalier eft fingulier; d'affez belles

les rues ; & des vastes promenoirs tant du côté du Lac, qu'à la Treille, & à Plein-Palais. Genéve est une Ville très marchande, fort riche, & bien peuplée, & si l'on en voit de plus belle, je défie qu'on en trouve de plus exactement policée ; personne n'y est oisif, chacun y étant occupé ou à remplir les devoirs de sa charge, ou à faire fleurir le Négoce ; il y a peu de Citoyen qui n'entre dans le Commerce : mais les plus anciennes maisons tant patriciennes qu'étrangéres y négocient d'une maniére si aisée qu'il n'est point de famille noble qui ne puisse commercer, comme ils font, sans craindre de déroger ; parmi les familles étrangéres que la Réforme y doit avoir attirées, celles de Michieli, de Turtini, des Livrons, des Budées, des Bourlamaqui, de Cambiaguo, de Calandrini, & de Pelisari ne sont pas les moindres :

dres : je ne vous parle ni des Pictets ni des autres familles patriciennes dont la Vertu est aussi connue que la réputation de Monsieur le Brigadier Greneu est étendue : j'ai bien remercié un Seigneur Piémontois de m'avoir donné la connoissance de Monsieur de Tourné lequel m'en a procuré de fort bonnes : pour Monsieur le Résident de France je crois que son plus grand défaut est d'être trop libéral, & trop honorable : j'ai été fort aise de visiter Monsieur Alphonse Turretin ; c'est le Bossuet de Geneve dont il fait en Philosophe Chrétien poliment les honneurs ; son cabinet de Médailles est assez bien rempli, & l'on y en trouve quantité qui prouvent, comme diverses Inscriptions, que cette Ville-ci devoit être considérable du tems des Romains. Je pars incessamment pour le Païs de Vaux qui mérite, dit-on, d'être
vû ;

vû; c'est ce que vous apprendrez aussitôt que je pourrai vous en rendre compte.

A Genéve ce 15 de l'an 1722.

XVII. LETTRE.

DE Geneve je suis entré dans le Païs de Vaux par le Bourg de Copet, dont la situation ne peut être qu'agréable, puisque ce Bourg est bâti sur le bord du Lac. Copet est une Baronie laquelle appartient aujourd'hui à Monsieur Oguerre qui fait fort bien les honneurs de sa Maison, qu'on dit être logeable & fort bien meublée. J'ai été coucher de Copet à Nyon, petite Ville que les Anciens nommoient *Benevis*, & qui selon les Chroniques du Païs de Vaux, fut rebâtie par le Centenier Nyon dont

dont elle a conservé le nom : elle est aussi sur une Colline, au pied de laquelle est la basse Ville qui est bâtie sur le bord du Lac près duquel on trouve une Tour qui paroit être fort ancienne : il est aisé de juger quand on voit les dehors de cette Ville qu'elle étoit anciennement plus considérable. J'ai passé par le joli Bourg de Rolle dont la Baronie appartenoit autrefois à Gaston de Foix Comte de Longueville qui la vendit pour payer la rançon de son Fils unique : de Rolle j'ai été diner à Aubonne autre agréable Bourg, situé près d'un grand & beau Vignoble à demi lieue du Lac ; la mauvaise conduite d'un Neveu de Tavernier fut cause que ses héritiers ne purent conserver cette Baronie : d'Aubonne je me suis rendu à Morge, petite Ville dans laquelle le Bailli fait sa résidence ; elle est bâtie sur le bord du Lac, où elle a un petit Port qui la rend
as-

assez marchande; la grande rue est assez belle, & les maisons ne sont pas mal bâties : il vaudroit bien autant qu'elle ne le fussent pas si bien, & que ses habitans fussent moins désunis: j'ai encore côtoyé le Lac, dont le rivage est également bordé d'une infinité de petits pelotons de terre, aussi bien distribuez que bien entretenus; outre que le penchant de ces différens Côteaux, & ces riantes Campagnes parfaitement bien cultivées, font une si agréable perspective qu'il est difficile de rien voir de plus beau : je me suis un peu éloigné du Lac pour entrer à Lauzane, qui est la plus considérable du Païs de Vaux : elle est bâtie à un quart de lieue du Lac Leman, sur trois Collines lesquelles ne sont point aisées, de maniére qu'on ne peut guére marcher dans ses rues sans monter ou descendre. On croit que la Ville de Lauzane doit ses com-

commencemens à celle d'Arpentras, dont on trouve les fondemens près du Lac du côté de Vidi : on ajoûte qu'un certain Arpentin, l'un des Centeniers d'Hercule la fit bâtir, & lui donna son nom, qu'elle n'a perdu que lors quelle fut portée sur l'éminence où elle est à présent : quoi qu'il en soit ; on ne doit point douter de son ancienneté, sans pouvoir assurer que l'Empereur Aurelian lui ait autant fait de bien que l'Empereur Sigismond lui donna de beaux priviléges : elle a eu des Evêques d'un très grand mérite, au nombre desquels on ne place point le dernier, lequel étoit de la Maison de Montfalcon en Savoye : on tient que la rue de Bourg est la plus ancienne de la Ville, & quelle en est le commencement : elle est bâtie sur une des trois Collines, & habitée en partie par bien des gens de condition lesquels ont au pied de leurs mai-

maisons des Jardins & des belles terrasses d'où l'on jouit agréablement de la précieuse vue du Lac: on trouve à la Cité bâtie dans l'endroit de la Ville le plus élevé des édifices assez considérables entr'autres la Cathedrale que deux Rois de Bourgogne ont fait bâtir ; c'est à dire que le Fils a fini ce que le Pere avoit commencé : un Guillaume d'Echaland Evêque de la Ville est le Fondateur du Château dont les murailles sont épaisses de dix pieds ; il est fait en quarré de pierre de taille, excepté le plus haut qui est de brique ; ce Château dans lequel les Evêques de Lausane faisoient autrefois leur résidence, est la demeure présentement du Bailli : ce Bâtiment mérite d'être vû, sur tout quand celui qui l'occupe en fait faire les honneurs : Messieurs de Crouzat & de Polier soûtiennent de leur mieux l'Académie dont ils sont la boussole,

sole, & je ne sache que leur rivaux de science, ou les personnes qui ne sont point exactement informées des biais que l'on a pris pour leur faire signer le *Consensus*, qui les puissent taxer d'avoir molli dans cette occasion. Le Duc de Schomberg tué à la Bataille de la Marsaille est enterré trop simplement dans la Cathedrale de Lausanne, où l'on voit aussi la Tombe du fameux Chevalier de Grandson dont le Mauzolée ne doit point avoir appauvri ses héritiers : cette Ville-ci n'est point fortifiée, aussi seroit-il inutile d'en faire la dépense à cause des hauteurs qui la dominent ; mais son union avec le Canton de Berne auquel elle s'est volontairement soûmise, la défendroit mieux que des meilleurs Remparts : on trouve dans peu de Villes de Province meilleure Compagnie que dans celle-ci, où l'on compte un assez bon nombre de
fa-

familles nobles lesquelles renouvellent assez souvent leurs alliances contractées entr'elles depuis long-tems par des mariages bien unis : toutes ces Maisons se soûtiennent honorablement ; on y fait bonne chére en gras & en maigre ; & l'on trouve au Lion d'or chez le bon homme Grand des Vins de la côte qui peuvent faire oublier le Mulceau & le Tonnére : il y a dans cette Ville quantité de Réfugiez François de toutes sortes de professions, les pauvres n'ont subsisté pendant long-tems que d'aumônes : mais la plûpart ont aujourd'hui des métiers qui les tirent d'affaire, & ils sont assurez de trouver une ressource ou dans le crédit de Monsieur de Monroux lequel est un bon Gentilhomme du Vivarez, ou dans la charité des Directeurs de l'Hôpital qui ne laissent pas manquer de pain non seulement les pauvres

vres de la Ville, mais qui secourent généreusement encore les passans qui se trouvent dans la disette. J'ai vû de jolies Maisons de Campagne, aux environs de la Ville dans lesquelles on est parfaitement bien reçû. Le Château de Vellerans dont la situation est admirable est parfaitement bien bâti ; & celui de l'Isle plus proprement tenu, & beaucoup mieux meublé, a des Jardins & des eaux qui le dédommagent de l'ingratitude de sa situation. Je pars pour aller voir le Païs de Valais avant que de m'engager dans le fort de la Suisse, dont jusques ici je me trouve parfaitement bien : mais toutes les Villes ne ressemblent point, dit-on, à celle d'où je vous écris ; vous ne serez pas long-tems sans être instruit de la différence que j'en aurai sû faire.

De Lausanne ce 12. Avril 1722.

K   XVIII.

XVIII. LETTRE.

JE me suis rendu à Vevai en côtoyant le Lac de Geneve, mais je n'ai passé que par des chemins fort pierreux & très étroits que l'on trouve au pied d'un immense Vignoble qui commence près de Lausane, & qui ne se termine qu'aux portes de Vevai. Avant que d'y arriver, j'ai traversé le Bourg de Lutri, où l'on se divertit dans le tems de la Vendange : ce Bourg est bâti sur le bord du Lac près d'une Tour ruinée qu'un Evêque de Lausanne y fit élever sous le regne de Frederic second. De Lutri j'ai continué ma route par la jolie Ville de Culli dont les habitans ont pour armes une grape de raisin moitié blanc & moitié rouge : la Ville de Vevay est la meilleure de
son

son Baillage; elle est située dans toute sa longueur au bord du Lac, & n'est pas mal bâtie; j'y ai même vû d'assez belles maisons; on y vit commodement & à bon marché, & l'habitant décrassé est fort affable & assez charitable: j'ai entendu au Temple de Saint Martin le Sermon du Ministre Perré lequel est très capable de satisfaire un Auditoire plus nombreux & plus difficile: cette Ville a eu ses malheurs comme plusieurs autres; & n'a pas aussi bien conservé les premiers édifices que les franchises que lui accorda il y a près de quatre cens ans Amé sixiéme du nom Comte de Savoye: je me suis promené du côté des Montagnes où j'ai vû le Château de Blonai, lequel appartient à un Gentilhomme de ce nom; si les Barons de Blonai, & les Seigneurs de Gingin ne sont point sortis d'un Cadet de la Maison de Savoye;

ils

ils passeront au moins dans tous les païs du monde pour des gens de la premiére qualité ; la Noblesse de Suisse n'a pas été si exterminée que chaque Canton n'en montre un échantillon : je crois pourtant que le Païs de Vaux en fournit un plus grand nombre, sans y comprendre les bonnes Maisons qui sont sorties de France, lesquelles ne sont assurément point des Maisons nouvelles : il y a des siécles que les preuves de Saconai, de Chandieu & de Lauriol sont en crédit aux Chapitres de Lyon, & de Saint Claude.

De Vevai j'ai passé devant le Château de Chillon où se tient le Bailli lequel n'y étoit point ; ce Château que fit bâtir il y a près de cinq cens ans Pierre de Savoye est situé sur des Rochers dans le Lac, & environné de murailles fort épaisses & de puissantes Tours. De Chillon j'ai été à la Villeneu-
ve

ve située à l'extrêmité du Lac de Genéve, lequel est le même que celui de Lausane: la Ville neuve est une Ville triste & mal bâtie; on dit que son Hôpital où tous les pauvres passans sont très charitablement reçûs fut fondé par Amé V. lequel y mourut de la Lépre; mais cette époque ne s'accorde du tout point avec l'Histoire de Savoye: de la Ville neuve passant par Roche où se fait beaucoup de sel, j'ai été coucher à Bex d'où je me suis rendu au Bex Vieux pour en visiter les sources, lesquelles ont été découvertes dans une Montagne des Alpes près du Village d'Arevaye; je m'étois imaginé que l'eau de ces sources avoient le goût de celle de la Mer; mais elle est aussi douce que celle dont nous buvons, & n'est salée qu'après avoir passé sur des veines de sel dont elle prend aussi-tôt l'acreté; & entrant en même tems dans

dans des tuyaux bien entretenus, elle paſſe dans des réſervoirs qui la jettent dans des chaudiéres où après avoir pris un certain dégré de chaleur, elle ſe convertit en ſel auſſi blanc & tout auſſi bon qu'il le peut être dans les plus anciennes ſalines : j'ai deſcendu quatre cens cinquante deux marches taillées dans le roc, où j'ai trouvé bien des veines de ſoufre, leſquelles donnent leur goût à l'eau qui y paſſe : on a grand ſoin d'empêcher que ces eaux ſouffrées ne ſe mêlent avec les bonnes : je ſuis plus que ſatisfait d'être entré dans le ſein de cette Montagne, d'où je ne ſuis ſorti qu'après avoir traverſé une gallerie de cinq cens toiſes de long taillée au ciſeau ; & l'on ne peut ſortir de ce merveilleux Labirinthe que par un endroit préciſément & uniquement oppoſé au premier par lequel je m'y étois introduit à la lueur des flambeaux :

je

je suis persuadé que dans le moderne l'on ne voit rien dans ce siécle qui fasse plus d'honneur à ses Entrepreneurs que ce prodigieux ouvrage en doit faire à ceux qui ont conduit cette utile entreprise: l'Etat de Berne en fait encore une considérable dans une autre Montagne voisine de celle-ci, où l'on a taillé une gallerie dans le Roc qui aboutit à des mines de souffre dont la couleur tire sur le vert de Mer.

J'ai repris le chemin du Valais, & après avoir visité l'Abbaye de Saint Maurice, laquelle est en assez mauvaises mains; je suis entré dans de fort beaux chemins, qui ne commencent qu'au pied d'une Montagne des Alpes, dont la chute des eaux forme la plus belle Cascade que j'eusse encore vûe: on marche presque toûjours entre le Rhône & les Alpes, d'où sortent plusieurs Riviéres qui se jettent dans ce Fleuve. Je n'ai pas vû vû de terrain dans le Valais qui ne rapporte, tout y étant cultivé jusques dans le sommet des Montagnes que l'on dit être bien fertiles & fort peuplées. Sion Ville Capitale du Païs est la plus sotte & la plus sauvage que vous puissiez vous imaginer; on y feroit pourtant bonne chére avec un bon Cuisinier, dont il n'est pas inutile de se pourvoir si l'on y veut manger un peu proprement: les Etrangers sont rançonnez dans ce Païs-là; mais les habitans y vivent à grand marché: le pain qui se fait à Sion est fort bon; on tire des Jardins des fruits les plus rares; & l'on boit des Vins beaucoup moins mauvais que les naturels du Canton, lesquels ont tout le mauvais des Italiens. Je crois que la forme de leur Gouvernement & la maniére dont s'obtiennent les Charges, reveillent continuellement les Cabales, & animant en même tems leur *d'Egypte, de Palestine, &c.* 215

leur jalousie, perpétuent leurs divisions domestiques : le Peuple hait souverainement la Noblesse, & on n'y trouve presque plus de Nobles que les Cadets de la Maison de Vera ; les descendans de celle de Tavelli si considérable autrefois dans le haut & bas Valais, ayant passé de l'aveu de tous les Antiquaires dans le Païs de Vaux, croiroit-on que parce qu'ils sont un peu plus riches que beaucoup d'autres, & que la Maison de ceux de Vevai est ouverte comme leur bourse à tout le monde ; certaines gens s'avisent de leur contester la pureté d'une origine aussi certaine ? J'ai été visiter les sources de plusieurs Riviéres, & repassant fort vite à Sion, j'ai regagné Lausane par le même chemin que j'avois fait pour entrer dans le Valais. Je vais me dédommager dans le Païs de Vaux des mauvaises Hô-

K 5   tellehôtelleries que j'ai trouvées dans celui que je viens de quitter.

A Lausane ce 10. Mai 1722.

XIX. LETTRE.

J'Ai retrouvé à Lausane les mêmes agrémens & la bonne compagnie que j'yavois laissée ; mais le plaisir que j'ai senti de m'y retrouver ne m'a point dédommagé de la malheureuse rencontre que j'ai faite du Duc de Phalaris, lequel pour s'attirer la compassion du public, feignoit d'être cruellement opprimé par un Prince magnanime, contre lequel il avoit témérairement inventé la plus noire de toutes les calomnies. J'ai été visiter le Baillage de Romersmoutier dans lequel le Bailli Villadin fait la dépense d'un Officier Géné-

Général qui se pique de faire honneur à son maître : Romersmoutier est un mauvais endroit, situé dans un Vallon assez agréable ; le Baillage est considérable s'étendant par le Mont Jura jusques sur les frontiéres de Bourgogne : je suis entré dans le Temple, lequel étoit anciennement l'Eglise d'un Monastére que Rodolphe I. Roi Bourgogne doit avoir fondé en faveur d'un Abbé de Clugni ; on ne trouve d'autre Monument dans le Sanctuaire que la Tombe d'un Prieur qui étoit de la bonne Maison de Seissel. En revenant de Romersmoutier nous avons repassé chez Messieurs de Gingin chez lesquels on ne se plaint jamais que de faire trop bonne chére ; on ne la fait assurément pas mauvaise aussi à Severi & à Pampigni, d'où l'on m'a conduit à Etoi qui est une belle terre dont le domaine appartient à un Gentilhomme de

K 6 bonne

bonne maison dont la reputation est bien entiére; ses enfans sont vos parens par Madame leur Grand' Mere laquelle est la derniére d'une branche de la Maison d'Angennes. Après avoir encore séjourné quelque tems à Lausane, j'ai pris la route de Berne sur laquelle on trouve la petite Ville de Moudon plus ancienne que considérable; elle doit avoir été rebâtie par un Roi de Bourgogne, où par un Duc de Zeringen; & c'est une des quatre bonnes Villes du Païs de Vaux malgré sa triste situation & son peu de commerce: le Bailli se tient au Château de Lucens bâti sur un assez agréable Monticule; on dit que c'étoit l'ancienne demeure des Gouverneurs établis par les Ducs de Savoye dans le tems que ces Princes possédoient la plus grande partie du Païs de Vaux: de Moudon je suis arrivé dans un jour à Berne Capitale

tale de son Canton; elle n'est pas ancienne, mais elle est grande, bien bâtie, & fort peuplée; Berthold IV. Duc de Zeringen passe pour son Fondateur; mais on dit que son fils ne lui fit pas tant de bien: quoi qu'il en soit; cette Ville est opulente & bien située; il y a trois grandes rues dont les maisons bâties de pierre de taille étant presque toutes sur des portiques forment des galleries sous lesquelles on se met à couvert du mauvais tems: Berne est bâtie sur une plateforme dans une espéce de presqu'Isle formée par la Riviére d'Aar laquelle lave la Ville en trois différens endroits; le quatriéme est couvert de quatre bastions revêtus de bons & larges fossez qui ne manquent pas ordinairement d'eau. Ce Canton est puissant & gouverné par des gens qui ne font guére de fausses démarches: outre les six bonnes

Maisons de Berne dont celle d'Erlac sortie d'un Comte de Neuchâtel est la premiére; on en compte encore plusieurs autres de nobles & anciennes que la dignité d'Avoyer a illustrées: les Bernois ont naturellement du jugement, & de l'esprit, & on les éléve présentement assez bien pour leur donner de la politesse; mais leur air méprisant & gourmé ne leur attire point les cœurs de ceux qui ne les ont point pratiquez. J'ai quitté Berne pour aller visiter Fribourg Capitale d'un Canton Catholique; la Ville est bâtie sur la Riviére de Sana, & située en partie sur le penchant d'une Montagne assez élevée; l'autre se trouve dans une Vallée entourée de Collines, & cette partie se joint à l'autre par trois ponts que le torrent des eaux dérange assez souvent: tout cela fait une Ville fort irréguliére dans laquelle on ne laisse

laisse pourtant point de trouver des maisons assez belles, deux ou trois grandes places, & des Couvens dont les jardins sont fort agréables au Printems. Les Fribourgeois ne sont pas riches mais en échange ils sont bons, affables, & assez paisibles: leur Ville bâtie l'an 1179. à eu comme beaucoup d'autres ses révolutions aussi-bien que différens maîtres : j'ai visité l'Hermitage que bâtit il y a quelques années à une petite lieue de la Ville un bon Solitaire lequel se noya après avoir taillé dans un Roc sa retraite que les Etrangers comme ceux du Païs vont voir par curiosité: on trouve dans ce Canton plusieurs Riviéres fort poissoneuses; le terroir est fertile & produit assez de tout excepté du Vin dont on se pourvoit en Bourgogne ou dans le païs de Vaux. Je suis parti de Fribourg pour aller me promener sur le territoire d'Avanche

che plus riche par la fertilité de son terrain qu'il n'est considérable par son étendue: Avanche que Tacite appelle la capitale des Suisses est sur le Lac de Morat; ses ruines nous prouvent, comme les Chroniques du Païs le disent, qu'elle étoit grande autrefois; elle a présentement l'obligation à sa riante situation de n'être pas un lieu fort triste: un de ses bons habitans m'a montré une médaille laquelle représente une femme qu'il prétend être une Aventica Maîtresse du Roi Helvéticus, duquel l'Helvétie a pris son nom; le même m'a ajoûté que ce Prince avoit bâti cette Ville à la priére de sa Concubine qui l'a fit nommer comme elle: ce qu'il y a de certain c'est que cette Ville n'a porté depuis sa fondation que le nom d'*Aventicum* en Latin, & d'Avanche en langue du Païs. J'ai été d'Avanche à Morat petite Ville fort

fort joliment située sur son Lac que forme en partie la Riviére de Muraine: la Ville est célébre par la défaite de Charles le téméraire Duc de Bourgogne sur lequel les Suisses remportérent une Victoire trop compléte pour les Bourguignons, dont les os de ceux qui périrent dans la bataille furent mis dans une Chapelle qu'on voit au bord du Lac; on y trouve encore quantité de ces ossemens, & une Inscription Latine qui est comme un monument de la Victoire que l'Armée Helvétique remporta sur un Prince si belliqueux lequel se croyoit invincible. De Morat j'ai passé à Payerne en traversant plusieurs belles Plaines & quelques Côtaux bien mêlez; Payerne arrosée par la Riviere de Broye est une de ces Villes dont on ne dit rien: de-là je me suis rejetté sur Neuchâtel Capitale d'un Comté enclavé dans la Suisse:

se : la Ville est bâtie au pied du Mont Jura entre son Lac & ses Montagnes qui la gênent beaucoup : le Lac lui fournit en abondance des Truites excellentes, & d'autres bons poissons ; j'ai vû bien des Villes où les Jardins n'étoient pas mieux entretenus que m'ont parus l'être les Vignes de Neuchâtel, dont j'ai bu des Vins très délicats chez Monsieur de Froment qui fait de bon cœur les honneurs de son Gouvernement : on peut faire fort bonne chére dans cette Ville là ; on y vit à très grand marché, & on y trouve de fort honnêtes gens à pratiquer, mais beaucoup plus à éviter ; on y trouve entr'autres un hipocrite & deux ou trois Maltotiers qui s'y mêlent de bien des métiers : on gagne plus qu'on ne s'imagine lorsqu'on perd de vûe de pareils ouvriers : il n'est pas surprenant que Neuchâtel soit extraordinairement
bâti,

bâti, sa situation étant aussi bizare ; il y a cependant nombre de belles maisons dans lesquelles on s'assemble très souvent sans s'en aimer davantage. Monsieur le Ministre Osterwald instruit régulièrement son Peuple par de bons Sermons, & lui découvre sa foi par ses œuvres ; ce digne Pasteur se voit revivre dans des enfans qui font honneur à leur pere : j'ai visité le Château & la Ville de Valangin moins curieuse à voir que ses dépendances : j'ai été charmé des cinq Vallées que l'on trouve au pied du Mont Jura ; & des habitations que j'ai vûes dans les Montagnes. De Neuchâtel, je me suis rendu à Yverdun après avoir été ennuyé du Château de Grandson que je n'eusse pas visité, si je n'avois point voulu examiner un peu la Plaine dans laquelle fut encore défait le même Duc de Bourgogne qui ne fut pas heureux con-

tre

tre contre les Suisses: la Ville d'Yverdun est assez bien située & bâtie à la tête du même Lac de Neuchâtel dont elle a de très grands secours; ses habitans fort sociables ne font pas mal les honneurs de leur Ville: celle d'Orbe où passe une Riviére de son nom est située sur une éminence dont elle tire bien des avantages: on y trouve les fondemens d'un Château dans lequel on dit que la Reine Theudelinde sœur de Théodoric Roi de Bourgogne faisoit sa résidence: de cette petite Ville où l'on trouve de la liberté, de la Compagnie, & beaucoup de gibier, j'ai repassé par Yverdun pour me rendre par la commodité du Lac à Neuchâtel où je n'ai séjourné que deux jours, pendant lesquels j'ai vû prendre une grande quantité de Truites fugitives du Lac qu'elles quittent pour se jetter dans la Riviére de Reuse où les

Paï-

Païsans les dardent avec une adresse inconcevable. Ayant pris congé des Neuchâtelois pour aller à Zuric, j'ai vû sur ma route la petite Ville de Bienne située sur son Lac poissonneux; la Riviére de Tchus après avoir arrosé les jolies Prairies de la Ville se jette négligemment dans le Lac: il y a peu de Ville en Suisse aussi libre que Bienne, dont le temporel est sous la domination de l'Evêque de Basle lequel se tient à Polantreu: de Bienne j'ai été diner à Soleure réguliérement fortifiée; la Ville est assez bien bâtie, & les dehors en sont aussi agréables que plusieurs belles Maisons qu'on trouve aux environs de la Ville, dans laquelle il y a deux ou trois familles qualifiées avec lesquelles l'on peut commercer avec plaisir: de Soleure j'ai été coucher à la jolie Ville d'Aarow située sur la Riviére d'Aar dont elle prend le nom; son terroir

roir est fertile & bien cultivé; cette Ville que les Vandales doivent avoir bâtie a de grandes franchises, & les Comtes d'Hasbourg, comme quelques Ducs d'Autriche n'en ont pas haï le séjour: celui de Bade est encore fort beau; la Ville étant une des mieux bâties qui soit en Suisse; elle est la Capitale d'un Comté qui porte son nom, lequel il tire de ses bains dont ceux du païs vantent la bonté: cette petite Souveraineté appartenoit à la Maison d'Hasbourg lorsque les Suisses s'en emparérent; c'est dans cette Ville que s'assemblent tous les membres ou Députez des Cantons pour leurs affaires générales: les Ambassadeurs Etrangers ne manquent point aussi de s'y rendre: on a trouvé dans son enceinte une Inscription de Trajan, & des Médailles que les curieux n'ont point négligées; les bains qui la rendent si célébre

font

sont au dessous de la Ville dans un Village bien bâti au milieu duquel se trouve une belle place entourée de bonnes hôtelleries pour le Païs; lesquelles ont chacune leurs bains pour la commodité de ceux qui y vont loger; il y en a plus de trente tant publics que particuliers, sans compter ceux qui sont au delà de la Riviére où sont les Maisons dont se servent les Paisans pour se baigner: il m'a paru que les eaux étoient fort soufrées & mêlées d'un peu d'alun: Cette Ville élit ses Magistrats, & se gouverne par ses Loix sans dépendre du Bailli que les huit Cantons dont elle est sujette y établissent: la Riviére de Limagus qui porte bâteau, baigne cette Ville & ses Campagnes.

Je me suis rendu à Zuric par des chemins fort coupez & très différens les uns des autres: Zuric Capitale du premier Canton de Suis-

Suisse est située sur un Lac très poissonneux ; son ancienneté est si connue qu'elle n'a nul besoin d'aller chercher son fondateur dans un Turricus lequel peut-être n'a jamais existé: César fait dans ses Commentaires assez souvent mention de cette Ville pour juger qu'elle étoit considérable de son tems, elle est bien située & bien bâtie ; ses habitans sont riches, fort Marchands, assez charitables, & très fermes dans leurs résolutions ; leur promenade ordinaire se fait sur deux beaux ponts de bois qui sont bâtis sur la riviére de Limagus laquelle sépare en deux parties cette Ville, qui se ressent encore aujourd'hui des libéralitez de Clovis trois, & de l'Empereur Charlemagne : on y trouve de fort honnêtes gens ; mais on y vit fort chérement : à cela près le séjour de Zuric n'est pas désagréable : celui de Lucerne me plairoit pourtant

da-

davantage: cette Ville qui tire, à ce qu'on croit, son nom d'une Lanterne qu'on avoit coûtume d'allumer au haut d'une Tour pour guider les bateaux qui passoient de nuit sous son Lac au bord duquel elle est située, est la principale du premier Canton Catholique ; & la résidence ordinaire du Nonce du Pape : la Riviére de Ruse qui la sépare en deux, comme l'est à peu près Zuric, lui fournit de même une assez belle promenade par la commodité de son pont de bois, lequel est fort long, & fort large ; les Lucernois qui ne haïssent point les Etrangers sont laborieux & Marchands, & tirent plus de secours de leur Lac abondant que de leur aride terroir : on n'y vit pourtant pas chérement ; & j'ai trouvé dans la Noblesse, & dans la Bourgeoisie des gens très aisez & fort sociables ; la forme de ce Gouvernement approche assez de celui de Berne, la Justice se rendant dans ces deux Cantons d'une maniére assez uniforme. Je pars au premier jour avec un Gentilhomme qualifié de Milan que j'accompagne jusqu'aux Frontiéres de son Païs : je vous souhaite toûjours bien de la satisfaction dans le vôtre

A Lucerne ce 20 Juin 1722.

XX. LETTRE.

J'Ai été si content de la Ville de Lucerne, que j'ai voulu visiter la plus grande partie de son territoire : j'ai trouvé deux petits Lacs, dans lesquels on pêche de grosses Ecrevisses de couleur bleuâtre, qui ne deviennent point rouges quand on les cuit ; & dont on fait de bonnes bisques & de bons

bons ragoûts: j'ai visité, en chemin faisant, un vieux Château d'Hasbourg, que vous ne devez point confondre avec celui dans lequel ont été nourris les Fondateurs de la Maison d'Autriche: j'ai été voir ensuite les Villages de Meggen, de Lutzelau, & de Demmen, lesquels ont chacun un bain d'eau minérale, qui charrie du souffre, du cuivre, & de l'alun: de ces bains dont la réputation attire tous les ans un grand nombre de malades, j'ai grimpé sur le célébre Mont de Pilate dont on a fait pendant bien du tems des contes que l'on débitoit autrefois comme des véritez incontestables; mais toutes ces belles histoires ne passent aujourd'hui que pour des Fables: & l'on jouit tranquilement sur le sommet de cette Montagne d'une très belle vûe; je ne me souviens point même d'en avoir trouvé de plus curieuse, puisqu'outre un très grand nombre de Bourgs & de Villages, on découvre encore de dessus la pointe de cette même Montagne douze ou treize Lacs, & cinq ou six Riviéres.

Wilisaw & Rhothebourg sont deux jolies Villes, lesquelles appartenoient autrefois à des Comtes de différentes Maisons, mais tous également d'une grande naissance ; quelque pure cependant que fût leur origine, de Puissans Souverains ont mieux aimé chercher la leur dans une source perdue que de la trouver fort bonne & très claire dans le voisinage de leurs Etats. Je n'ai sû découvrir dans le ruisseau de Goldbac qui sort d'une Montagne voisine pour venir arroser la grande & riche Vallée de Lentlibouch, ni des pailletes, ni du sable d'or que des Curieux plus heureux que moi disent y avoir ramassé. La petite Ville de Sempac seroit aujourd'hui peu con-

connue sans la mémorable victoire que les Suisses y remporterent sur l'Armée d'un Duc d'Autriche lequel y perdit la vie, en même tems qu'un fort grand nombre de Seigneurs & de bons Gentilshommes, dont on voit une partie des noms & des devises dans une Eglise qui fut batie au dessus de la Ville sur le Champ de Bataille, & au même endroit où le Prince fut trouvé mort : cette Ville quoique fort laide a de grands privileges ; la jurisdiction de son Avoyer, lequel est le premier du lieu, ne s'étend que sur le Lac que la Riviére de Sur y forme : la grande Abbaye de Saint Urbain de l'Ordre de Citeaux, fondée en 1200. est puissante & fort riche, mais sa Communauté est à peu près composée comme toutes celles qu'on trouve en Suisse : j'ai légérement passé dans la pauvre Ville de Gerseau bâtie à l'extrêmité du Lac de Lucerne: Altdorff Capitale du Canton d'Uri est bien différente; elle est assez grande & joliment située sur les bords de son Lac dans une Plaine qui est au pied d'une chaîne de Montagnes fort élevées : il y a plusieurs Eglises & quelques Communautez Religieuses, dont les bâtimens sont moins curieux à voir que les ruines d'une Forteresse que l'Empereur Albert y avoit fait bâtir pour contenir les Habitans, lesquels ont établi depuis quarante ans dans leur Ville une fabrique pour tailler & polir le cristal.

J'ai pris à Altdorff la route d'Italie : & après avoir traversé une Plaine de trois lieues, dans laquelle on voit le Village de Sillenen où l'on trouve des carriéres de marbre noir avec des veines blanches ; je suis arrivé au pied du Mont Saint Gothard ; près duquel j'ai été visiter une belle source de Vitriol:

j'ai

j'ai monté le Saint Gothart avec beaucoup de peine & de plaisir: le chemin qui est un important passage pour entrer en Italie est fort rude en Eté, & assez dangereux en Hiver ; mais il est fort amusant dans la belle saison, car souvent on s'y trouve dans des Forêts agréables d'où l'on passe sous des rochers affreux; lesquels suspendus en l'air & couvrant le chemin menacent continuellement les passans de les écraser sous leurs poids ; en même tems que des ruisseaux, qui tombent des Montagnes & qui se précipitent dans des Riviéres qui en sortent, forment des Cascades & des Iris qui font oublier le danger d'où l'on sort. On ne sauroit trop parler de la patience & de l'activité des Habitans de ces Montagnes, lesquels prennent des peines inconcevables pour tenir à grands frais continuellement en Eté comme en Hiver, les chemins ouverts, & qui joignant des Rochers escarpez par des Ponts voutez, coupent en certains endroits des Roches fort dures pour faire le chemin; & quand ce chemin est prêt de s'abîmer, ils le soûtiennent par de bonnes murailles d'appui, avec des poutres qu'ils joignent les unes aux autres par de grands crochets de fer. On trouve sur le sommet du St. Gothard un Couvent de Capucins, d'où l'on découvre les terres de quatre Evêchez qui se touchent & se joignent, c'est celui de Milan, de Novare, de Coire, & de Sion: les vues que m'ont fourni le Liban & les autres Montagnes que je connois, n'approchent point de celle-ci. J'ai apperçu du même Hospice des Capucins plusieurs Lacs d'eau claire d'où sortent le Tesin qui passe en Italie, & la Rus qui descend dans la Suisse: ces deux Rivieres ont, dit-on, on, leurs sources dans ces Lacs : descendant le S. Gothard, je suis entré dans un Vallon appellé la Vallée tremblante où l'on passe sur un terrain lequel est une espéce de Pont que la nature forme de glace, ou de neige durcie, sous lequel une bruyante Riviére coule avec assez de rapidité : cet étonnant passage ne m'a point paru bien réjouissant pour les Curieux. On découvre souvent dans ces Montagnes quantité de Cristaux, aussi bien que des pierres de differentes couleurs; & l'on voit près d'Ayrolo une fontaine d'eau minérale laquelle charrie du Salpêtre, & du Vitriol : j'ai passé par Gestinen, où j'ai séjourné deux jours tant pour m'y reposer que pour examiner à mon aise une mine de Cristal que l'on a découverte depuis fort peu de tems dans son territoire : le Bourg dont je vous parle est beau & bien situé, & n'est éloigné que de quatre lieues

lieues de la Vallée où l'on trouv l'entrée du Saint Gothard; c'est ordinairement le gîte ou la dinée des Voyageurs: je me suis promené dans la Vallée d'Urseren qui est un petit Païs fort rude & très froid dans lequel je ne me serois point morfondu si je n'eusse voulu reconnoître les débouchez de trois grandes routes qui sont celle d'Italie par le Mont Saint Gothard; celle du Valais par celui de la Fourche d'où l'on pénétre aisément dans le Milanois; & celle des Grisons par le Mont de Tavesch: les habitans d'Urseren sont sauvages; peu commodes; & ne brûlent que du bois de rose. Le grand Bourg de Schwits situé dans une Campagne agréable près du Lac des quatre Cantons entre des Montagnes fort élevées, & presque sur la Riviére de Mutta; est riche & fort peuplé: il y a quelques édifices parmi lesquels l'Eglise de Saint Mar-

Martin, & la Maison de Ville doivent être plus admirées que deux Couvens de Capucins, & une Communauté de Filles qu'on y trouve. Le Canton de Schwits a l'honneur d'avoir donné en quelque maniére son nom à toute la Nation Suisse sans qu'on m'en puisse apprendre précisément la raison: tout ce que j'en ai pû démêler, c'est que ces Peuples anciennement très aguerris, & lesquels croyent avoir été fondez par une Colonie Suedoise; combattirent les premiers & vainquirent les Autrichiens, & qu'ayant par ces avantages assuré leur liberté & celle de leurs Confédérez; le nom de Suisse qui dérive, ou qui a du raport à celui de Suéde, en étoit demeuré à tout le Corps Helvétique. On voit au petit bourg d'Art un bassin de fontaine d'une seule pierre, & conséquemment tout d'une piéce, lequel feroit honneur à une plus grande Ville.

La March nom qui signifie borne ou frontiere, parce qu'effectivement elle servoit autrefois de borne, entre les Helvétiens, & les Grisons; est un Païs qui n'a pas quatre lieues de tour; mais il est abondant, uni, & fort agréable: on y pêche de belles Ecrévisses & de bonnes Truites que lui fournit le Lac de Zuric. Ce Païs qu'une héritiére d'un Comte d'Homberg avoit porté à un Comte d'Habsbourg, fut enlevé à la Maison d'Autriche par ceux du Canton d'Appenzel, lesquels s'en étant saisis dans une guerre contre Frédéric Duc d'Autriche en firent présent à leurs alliez de Schwits en reconnoissance du secours qu'ils en avoient tiré pour soûtenir cette guerre. On a déterré dans un quartier de la March une mine de laiton, ou d'un cuivre qui ressemble à de l'or, ou qui a l'œil du du tombac : ce métal est dur & pesant, & personne n'a pû trouver encore le secret de le faire fondre. Je n'ai pas voulu sortir du Canton de Schwits sans visiter l'ancienne & riche Abbaye de Notre Dame des Hermites desservie par des Religieux de Saint Benoît, dont l'Abbé prend le titre de Prince : c'est la Lorette de la Suisse, quoique l'histoire de sa fondation, que je crois être fort Sainte & bien avérée, ne soit pas si merveilleuse que l'est celle de la Lorette d'Italie, ce Couvent de Nôtre Dame des Hermites est plein de richesses, & le trésor de sa magnifique Eglise est des plus considérables. De cette Abbaye j'ai passé dans le Canton de Basle que j'ai gagné avec assez de peine par des chemins bien difficiles : la Ville Capitale de ce Canton est ancienne & fort puissante, tant par son étendue que par son grand trafic;

trafic; elle est bâtie dans une situation admirable au bord du Rhin près de l'endroit où ce Fleuve paroissant vouloir faire une barriére à la Suisse, fait un coude, & tournant son cours vers le Nord va se perdre dans l'Ocean : le Rhin séparant Basle en fait deux Villes lesquelles se communiquent par un beau pont ; la grande Ville est du côté de la Suisse ; & la petite regarde l'Allemagne : elle n'est cependant petite que par raport à l'autre dans laquelle on compte plus de cent cinquante rues, quatre places de marché, & près de quarante fontaines ; la Cathédrale qui sert de Temple aujourd'hui, est grande & fort belle ; elle est parée d'un Autel de marbre, de grands fonds baptismaux, & de belles orgues ; on y voit le tombeau de l'Impératrice Anne d'Hochbourg épouse de Rodolfe premier Empereur de ce nom ; celui

lui d'un de ses enfans, de quelques Evêques, & de plusieurs Savans parmi lesquels on trouve celui du fameux Erasme lequel se plaisoit fort à Basle, où il fit imprimer la meilleure partie de ses Ouvrages, outre ceux de plusieurs Péres de l'Eglise : on montre dans un grand Arcenal de cette Ville la Cuirasse du Duc Charles de Bourgogne, ses timbales, ses trompettes, & le harnois d'un cheval qui fut tué sous ce Prince ; l'Hôtel de Ville est orné de diverses belles peintures dont la plûpart sont d'Holbein ; j'y ai vû entr'autres un tableau de la main de ce peintre lequel représente la Passion de Jésus-Christ en huit compartimens : la célébre Université de Basle fondée par le Pape Pie IV. est toûjours bien fameuse ; elle a eu de grands Hommes & en montre encore aujourd'hui parmi lesquels Messieurs Verenfels &
Ber-

Bernoulis ne font pas les moins dignes ; ce dernier paſſe pour un des plus habiles Mathématiciens du ſiécle.

Je trouve, comme on me l'avoit déja dit, qu'il y a bien de belles choſes à voir dans la Bibliotéque publique laquelle eſt remplie de quantité de bons Manuſcrits ; j'y ai trouvé un Livre des quatre Evangiles en Grec auquel on donne mille ans d'antiquité ; les Actes du fameux Concile tenu dans cette Ville ; bien des Canons de l'Egliſe Grecque ; pluſieurs lettres de Jean Huſſ ; beaucoup de celles d'Eraſme & d'Amerbach que les héritiers du dernier vendirent au Magiſtrat pour la ſomme de neuf mille écus : on y montre auſſi de fort bons tableaux de la main d'Holbein ; le portrait de ce Peintre fait par lui même, en même tems que celui de ſa femme, & ceux d'Eraſme & de ſon ami Amerbach.

bach. Il y a apparence que c'est dans la Sale ou du moins sous la Bibliotéque que se tint le célébre Concile dans lequel fut déposé le Pape Eugene IV. auquel succeda Amédée VIII. Duc de Savoye qui prit le nom de Felix V. Une partie des Prélats ou des Docteurs qui s'étoient munis de leurs meilleurs Manuscrits pour assister à cette assemblée étant morts pendant sa tenue, ou de peste ou d'une autre maladie, laisserent tous ces beaux Ouvrages qui font la richesse de cette Bibliotéque: outre que les papiers enlevez des Abbayes dans les guerres de Religion ayant été portez à cette nouvelle source ne l'ont pas mal enflée. Il y a peu de particuliers qui puisse montrer un Cabinet autant rempli de piéces curieuses, & de bonnes Médailles que l'est celui du Professeur Feche.

On ne souffre aucun Noble dans
le

le Corps de la Bourgeoisie encore moins dans le Conseil ; la Noblesse fut proscrite, disent-ils, de leur Ville dans le tems de la Réforme, parce qu'elle s'étoit rendue depuis long-tems odieuse par sa tirannie, & par son orgueil, les Baslois ne laissent pourtant point que d'être honnêtes avec les gens de condition, & les savent fort bien distinguer ; mais ils n'en souffrent point parmi eux, prétendant que le fondement d'une République est l'union, & que cette union ne peut être conservée que par leur égalité.

Les environs de la Ville sont fort beaux sans être également disposez : le Païs est riche & abondant, & ses charmantes Campagnes dont le Païsage est si agréablement mêlé ne finissent qu'à l'extrêmité du Mont Jura : l'Evêque & Prince de Basle se tient à Polantreu, & ses Chanoines à Arlheilheisem grand & beau Village situé à deux lieues de cette Ville; leur Eglise est belle & leurs maisons sont bien bâties: on fait des preuves de Noblesse pour entrer dans ce Chapitre; mais on dérogeroit, si l'on n'y buvoit point excessivement, sur tout avec les étrangers qu'ils tâchent absolument d'enivrer; on les triche tant qu'on peut à table, & peut-être même ailleurs, je les crois pourtant plus honnêtes gens au jeu, quoi qu'on en puisse dire.

L'*Augusta Rauracorum* bâtie par Manutius Plancus n'est plus qu'un misérable Village sur le bord du Rhin: & le Château de Farnsberg célébre par une grande bataille que les Suisses gagnérent pour en faire lever le Siége; n'est beau ni bien entretenu. Les petites Villes de Muncheistein, & de de Liechtail sont joliment situées & bien bâties; mais ne sont bonnes

nes que pour les gens du Païs : & la petite Ville de Wallebourg située au pied du Mont Jura, & défendue par un Château extrêmement élevé lequel a plus d'une fois embarassé les Romains se trouvant à la gorge des Montagnes dans un terrain fort étroit, seroit dans un tems de guerre un passage fort important : c'est la grande route de Genéve, de Berne, & de Soleurre à Basle. Le Canton de Schafouse n'est pas considérable; mais son terroir est fertile en grains, abondant en paturages & en vignes dont le Vin est assez bon : la Capitale de ce Canton est grande, & bien située, quoique le terrain n'en soit pas fort uni; la Ville n'est pas ancienne, mais elle est assez forte, & sert comme de boulevart à la Suisse contre l'Allemagne; le Rhin qui y passe la rend extrêmement Marchande, & quantité de ses Citoyens qui se piquent
de

de Noblesse sont assez aprivoisez mais fort crapuleux : je n'ai que peu séjourné dans ce Canton ; d'où j'ai repassé ici pour aller voir les Villes de Porantreu & de Montbelliard : la premiére de ces deux Villes, Capitale des Etats du Prince qui en est Evêque aussi bien que de Basle, ne mérite point d'être vûe, tant elle est mal bâtie & ennuyeuse ; les Jésuites n'y ont qu'un très petit Collége, & le Prince fort dèsœuvré dans un Château mal bâti situé sur une espéce de Montagne y méne une vie assez triste. Le Prince de Montbelliard qui est un Prince de la Maison de Virtemberg vit à peu près chez lui comme fait un paisible Bacha dans son Serrail : sa Ville est aussi dèsagréable à voir que le Château qu'il occupe ; c'est une espéce de Fort situé sur un Rocher d'où il découvre une partie de sa Souveraineté ; la Riviére de Hall, avant que

que de se jetter dans celle du Doux, arrose une partie de la Ville. De Montbelliard qui est un Comté de l'Empire sur les limites de l'Alsace & de la Franche Comté, j'ai pris la route du Val Saint Limier, dans lequel j'ai pénétré sans repasser par Neuchâtel; & de cette belle & bonne Vallée de Saint Limier qui tire son nom de son principal Village où étoit anciennement une Collégiale de douze Chanoines Réguliers, passant par Pierre Pertus j'ai été coucher à l'ancienne Abbaye de Bellelai, où l'on ne fait que des fromages qui valent ceux de Brie. Pierre Pertus est une Montagne du Mont Jura que les Romains firent percer pour avoir le passage libre d'un Païs à l'autre; de sorte qu'ils se firent une entrée dans un Rocher fort épais, où ils taillérent un chemin de quarante pieds de long dans l'épaisseur du Roc, & de quatre toi-

toises de Suisse de hauteur: ce chemin n'est pas fait du jour que j'y ai passé, d'autant mieux qu'on y voit une Inscription Romaine laquelle fait juger que c'est là un ouvrage des anciens Romains; cette même Inscription n'est pas trop favorable à ceux qui veulent dénicher de la Suisse l'ancienne *Aventicum* pour la placer dans un autre Païs. De l'Abbaye de Bellelai j'ai été diner à Laimont, où l'Evêque de Porantreu a fait bâtir une belle maison; l'Eglise Collégiale de cette petite Ville est composée de douze Chanoines, lesquels obtiennent leurs bénéfices du Prince; elle est jolie & bien tenue. Comme j'appris à Laimont que deux bons Hermites se tenoient sur une Montagne du voisinage; je fis faire provision de poisson pour les aller visiter dans leur Hermitage, que j'ai trouvé en beau au dessus de tout ce qu'on m'en avoit

avoit dit : la modestie de ces deux Solitaires ne laisse pas démêler si ces deux Confréres étoient gens de condition, comme on le croit dans le Païs, où ils vivent d'une pension qu'ils reçoivent de leurs Parens, ou d'autres personnes que l'on ne connoît point ; la situation de cette solitude est parfaitement belle. J'ai été coucher de cet Hermitage au Château de Lanschroon régulièrement fortifié, & situé sur une très haute Montagne : c'est un Château que le Roi de France tient à l'entrée de l'Alsace du côté de la Suisse, dans lequel on envoye des Prisonniers d'Etat confiez à la garde de deux Compagnies d'Invalides : je me suis rendu de ce Fort à l'Abbaye de Nôtre Dame de la Pierre, dont le Couvent quoique fort riche, n'est pas aussi magnifique que m'a paru l'être un Cabaret que les Religieux ont fait bâtir nouvellement pour la commodité

modité des Pélerins, qui accourent de toutes parts en foule à cette dévotion en certains tems de l'année: j'ai trouvé toute cette Communauté de Bénédictins en armes contre leur Abbé, sans que celui de St. Gal puisse venir à bout de les réunir; ce dernier attendoit à tout moment le Nonce pour terminer cette guerre, dont j'ai condamné les Moines en présence des plus échauffez, de payer la plus grande partie des frais.

De Nôtre Dame de la Pierre j'ai été me reposer trois jours chez un riche Mississipien lequel vit délicieusement dans un Château qu'il à meublé de bon goût: ce tranquile Epicurien est autant au fait des affaires du tems que personne le puisse être; mais il ne parle qu'avec beaucoup de retenue, & respecte tout ce qu'on doit respecter. Je suis rentré dans Basle, d'où j'ai été visiter le Fort d'Hu-

M nin-

ninguen, qui n'en est éloigné que d'une portée de Canon : cette Place bâtie sur le Rhin est aussi bien fortifiée que bien tenue. D'Huninguen j'ai été me promener dans la Plaine & sur la Montagne de Fridelinguen, d'où je suis entré dans le Marquisat de Bade, sans y pénétrer bien avant ; je crois que c'est un excellent Païs, & d'une très grande ressource pour ceux qui l'habitent : j'ai repassé au dessous de Basle pour aller voir la jolie Ville de Bruk sur la Riviére d'Aar d'où j'ai été à Kunifelden où l'on ne trouve qu'une partie de la magnifique Eglise qu'Elizabeth femme d'Albert d'Autriche Roi des Romains y avoit fait bâtir ; on n'y voit plus tant de Tombeaux de Princes & de Princesses qui anciennement y furent enterrez. J'ai visité près de Vindissch qui n'est plus qu'un hameau entre les Riviéres de Rus & celle d'Aar, le vieux

vieux Château d'Habspourg que bâtit il y a 900. ans un Comte d'Altembourg duquel doit être sorti le Chef de la Maison d'Autriche ; ce vieux Château dont il ne reste que quelques Tours dans un lieu fort élevé, ne mériteroit plus que l'on en fît mention, s'il n'avoit eu l'honneur d'être la principale demeure de plusieurs Grands Seigneurs desquels cette Auguste Maison tire visiblement son origine. Je suis encore rentré dans Basle pour y prendre congé des Cantons ; mais avant que d'en sortir je veux tâcher tant pour satisfaire une partie de vôtre curiosité, que pour prévenir vos questions, je veux, dis-je, tâcher de vous donner une idée légére & précise de l'origine des Suisses, de la cause de leur liberté ; de la forme de leur Gouvernement, de leurs mœurs, & de la situation de leur Païs.

Comme l'origine des Suisses se perd dans une antiquité assez reculée, il m'est bien difficile de vous parler positivement de leur premier établissement ; il y a bien de l'apparence que ces Peuples sortent des mêmes dont parle Tite-Live dans ses Décades & desquels Cesar fait tant de mention dans ses Commentaires : mais comme ces mêmes Peuples qui furent aussi entreprenans que belliqueux portoient la guerre dans des Païs, où leurs armes n'ont pas toûjours été heureuses ; & qu'on ne voit point clairement qu'une partie des trois cens mille hommes que Cesar battit en corps & en détail en Bourgogne, soit revenue dans les Païs d'où elle étoit sortie ; il se peut que des étrangers ayent pris leur place, en héritant de leur courage & de leur ambition : je ne distingue assez les Suisses pour les pouvoir suivre jusqu'au siécle où nous sommes,

mes, qu'un peu avant le regne du Roi Clotaire second: c'est de son tems que la Ville de Nyon fut réparée; que celle de Romont fut bâtie dans une situation des plus belles par un Seigneur particulier; & que Saint Gal disciple de Saint Colomban affermit le Christinianisme dans le Païs, qu'une infinité de petits Tirans s'étoient partagé, relevant en apparence des Empereurs: d'autres Seigneurs en même tems se fortifierent dans des Villes que leurs Péres avoient bâties & ne cessant de se faire la guerre entr'eux pour suivre leur inclination belliqueuse, ou le triste exemple de plusieurs Abbez dont les richesses animant l'avarice, & les projets ne firent de ce Pays pendant bien du tems qu'un théâtre très ensanglanté: les Empereurs s'étant ensuite rendus un peu plus les maîtres des Suisses leur envoyerent des Gouverneurs dont la tirannie leur parut insupportable ; un d'eux ayant été défait près de Chillon par Pierre de Savoye ne put empêcher que ce Prince ne s'emparât de la plus grande partie du Païs de Vaux, dont les habitans d'Yverdun défendirent de leur côté fort courageusement l'entrée : trois Païsans l'un d'Uri, l'autre de Schwits, & le troisiéme d'Undervald ennuyez d'une domination aussi dure en secouérent le joug il y a quatre cens ans, & firent révolter contre l'Empereur Albert leurs trois Cantons, lesquels se soûtinrent contre les autres qui suivirent dans la suite l'exemple des trois premiers. Le Roi Louis XI. instruit par lui-même de la valeur des Suisses fit alliance avec ces Peuples qui lui fournirent des troupes ; cette alliance fut renouvellée après la mort de ce Prince par Charles VIII. son fils, & par

par la plus grande partie de ses Successeurs: enfin le Païs des Suisses est une Contrée laquelle fut premiérement des Gaules; ensuite enclavée dans la Germanie entre le Rhin, le Lac de Constance, la Franche-Comté, le Lac de Genéve, & le Valais.

La Suisse est divisée en treize Cantons, sans y comprendre les Païs sujets & alliez, ni quatre Gouvernemens qu'elle tient en Italie de la reconnoissance de Maximilien Sforce Duc de Milan: le Rhin qui prend sa source dans le saint Gothard à deux lieues de celle du Rhône, arrose une partie de ces Cantons sur lesquels on trouve bien des Riviéres & quantité de Lacs qui sont fort poissonneux: les Montagnes dont un grand nombre sont cultivées jusques sur leurs sommets; sont remplies de Cerfs, d'Ours & de Chamois: ces Peuples sont attentifs à leurs affaires, patiens, & si industrieux qu'ils trouvent le moyen de vivre avec aisance dans des endroits où d'autres gens qu'eux ne subsisteroient qu'avec peine.

Quoique les treize Cantons se gouvernent en forme de République ; ils ne suivent pas tous les mêmes loix, & ne dépendent en rien les uns des autres : la populace est en quelque maniére absolue ; cependant il est bon de vous dire qu'elle l'est beaucoup plus dans les petits, que dans les grands Cantons, où la plûpart des Baillis font les petits Bachas.

Il y a sept Cantons Catholiques, quatre de Protestans, & deux dans lesquels la liberté de conscience est assez bien établie ; les quatre Protestans sont plus puissans que ne le sont les autres sept ; & l'on voit beaucoup moins de divisions parmi les Réformez que chez les autres : ceux-ci s'assemblent à Lucerne ;

cerne ; les Proteſtans à Araw ; & les affaires générales ſe traitent à Baden.

Je ne connois guere de meilleur Païs que celui de Vaux, lequel eſt ſitué entre le Mont Jura & le Lac de Geneve : ce Païs-là pourroit bien être ainſi nommé à cauſe des Vandales qui l'occuperent anciennement ; le terroir eſt fertile & bien cultivé, principalement les environs du Lac Leman, qui eſt preſque par tout bordé de grands & beaux Vignobles, leſquels produiſent le meilleur Vin qu'on boit en Suiſſe : ce qu'on appelle la Côte de ce Lac, eſt un Amphithéâtre de cinq ou ſix lieues de longueur couvert de Vignes & de Vergers, & habité par des gens du Pays très aiſez, ou par les plus riches de Berne, leſquels y bâtiſſent tous les jours des nouvelles maiſons dont ils font leurs délices : les Peuples du Pays de Vaux aiment le vin &

la liberté, & font moins pefans que leurs voifins; ils ont confervé de tems immémorial leurs Coûtumes, fur les lefquelles on fe régle en fait de juftice: les Empereurs ne donnerent aucune atteinte à leurs priviléges, que les Ducs de Savoye leur ont fidélement confervez: je crois les Bernois trop équitables pour n'en pas ufer de même; mais avec leurs belles franchifes la Nobleffe de ce Païs-là qui n'a pas la Bourgeoifie de Berne, porte fans trop s'en appercevoir des fers que l'ancienneté de fes titres ne brifera pas fi-tôt.

Il y a deux cens ans que les Ducs de Savoye ont perdu la poffeffion de ce beau Pays dont ils n'ont jamais pourtant tiré de grands fecours, foit en argent, foit en hommes; mais pour Laufane ils n'ont pu s'en rendre les maîtres, & le dernier de ces Princes qui en 1512. y entra en qua-

qualité de Vicaire de l'Empire, y fut reçu à la porte de la Ville par un Louis de Seigneux Gentilhomme, & l'un des vingt cinq du Conseil, lequel lui présentant les clefs, harangua le Duc dans ces termes : *Serenissime Princeps, has claves Civitatis nostræ tibi trado, non ut in hâc domineris, sed ut in eâ securius dormias.*

Le Valais qui est sur une partie des Alpes, étoit l'ancienne habitation des Peuples de la Gaule Narbonnoise; ce Païs situé entre les Suisses, la Savoye & le Milanois, est assez fertile & très peuplé; ses habitans ennemis déclarez de la Noblesse sont assez guerriers, mais mal propres, petits, ignorans, superstitieux, & malins; il n'est point de gens plus cachez que les Valesans lesquels firent une étroite alliance avec les Suisses il n'y a pas deux cens ans: on trouve dans leur Païs des eaux mi-

minérales, des mines & des Montagnes dont les habitations attirent la curiosité des passans.

Les Grisons occupent l'ancienne Rhétie vers les sources du Rhin; leur Païs a l'Etat de Venise, & le Milanois au Midi, le Tirol au Levant, la Souabe, & la Suisse au Septentrion & au Couchant. Ils se liguérent entr'eux eu 1471, ensuite avec les Suisses: on divise leur Païs en six parties dont la Valteline n'est pas la moindre; c'est une bonne Vallée qui a bien quinze lieues de longueur par laquelle passe la Riviére d'Adda pour se jetter dans le Lac de Come; cet important passage est la porte que les Espagnols & les Venitiens tâchent d'ouvrir lors qu'ils veulent pénétrer dans l'Allemagne: ce Canton est aussi fertile que peut l'être un Païs de Montagnes au pied desquelles on trouve plusieurs Vallées très agreables, desquelles

les

les Habitans tirent leurs provisions de grains, & de Vins: leurs Riviéres fournissent aussi du poisson en abondance, & leurs Montagnes quantité de Gelinotes, de Faisans, & de Perdrix. Coire est la plus considérable Ville des Grisons; & s'il est vrai qu'un de ses Evêques se soit trouvé au Concile de Chalcedoine, cet Evêché doit être aussi ancien qu'ils le disent; il y a beaucoup de Familles Nobles & anciennes dans ce Païs dont les habitans sont fins, patiens, laborieux, sobres, belliqueux, politiques, & fort attachez à leur Religion, dont la plûpart ne suivent que la Réformée. Le Comté & Baillage de Baden, lequel est sous la domination des Suisses, est un des plus considérables & des plus riches; ses Habitans sont aisez, paisibles & charitables. Ceux du Baillage de Rhintal qui sont du Païs de l'ancienne

cienne Rhétie demeurans sur les bords du Rhin au dessus du Lac de Constance, n'aiment pas fort les Suisses, & haïssent beaucoup les François: ils ont une Vallée assez bonne, dans laquelle sont presque toutes leurs Vignes, que les Habitans occupez ordinairement à filer du Lin pour ceux de Saint Gal, travaillent avec beaucoup de soin. Les Sujets du Baillage de Sargan que le Rhin sépare des Grisons, sont assez remuans & fort Allemans.

Le Balliage de Tergou considérable par son étendue, & dont cinquante Paroisses qui en relevent sont fort peuplées, nourrit des Habitans que l'on ne gouverne pas aisément; ses Peuples ne connoissent d'autre maître que la liberté, & leurs intérêts particuliers. Le Bourg de Zurzach fort ancien, très peuplé, & bien bâti sur le bord du Rhin est fort connu par les

les grandes Foires qui s'y tiennent tous les ans; il y vient des Marchands de tous côtez, parmi lesquels ceux de France sont les moins regardez. La Ville de Saint Gal est alliée de six Cantons, & son Abbé l'est de quatre : l'Abbaye que les libéralitez des Rois de France & des Ducs de Souabe ont enrichie, est plus grande qu'elle n'est belle ; ses Abbez qui sont aujourd'hui des petits Souverains, se sont plus piquez d'obtenir le rang de Prince que d'imiter leur pieux Fondateur, lequel ne pensoit point vraisemblablement en bâtissant son petit Hermitage que ses Successeurs seroient un jour en état de faire l'acquisition du Comté de Toggembourg, & de soûtenir des guerres aussi vives que celles qu'ils ont entreprises : la Ville de Saint Gal est assez grande, bien bâtie, très peuplée, fort Marchande, & renommée par sa belle

belle Manufacture & son riche trafic de Toiles qui se transportent par toute l'Europe; la Ville relevoit anciennement de l'Abbé en plusieurs choses; mais les Citoyens à présent ont à part leur Souveraineté indépendante de celle de l'Abbaye: cet accommodement ne sauroit trop empêcher que les actes d'hostilitez ne se renouvellent de tems en tems par la partie qui prétend être la mieux fondée: en attendant on s'y divertit assez bien; le séjour en est agréable; l'air fort sain, on y trouve de la Société, & des Maisons fort puissantes.

Geneve alliée des Suisses se gouverne si sagement que lors que les Princes sont en guerre, elle ne se rend suspecte à aucune Puissance.

Les quatre Baillages, ou Gouvernemens que les Suisses ont en Italie, sont assez considérables tant par leur situation, que par l'industrie des Habitans du Païs:
le

le Baillage de Lugano est le premier, & le plus étendu ; la Ville qui prend son nom est assez grande & bâtie sur les bords de son Lac, lequel est entre le Lac Majeur & celui de Come : le second Baillage est celui de Locarne moins grand que le premier ; il y a pourtant vingt bonnes Paroisses qui en dépendent ; ce Pays est extrêmement fertile, & ses Riviéres comme son Lac, sont remplies de Truites, de bonnes Perches & de belles Ecrevisses ; sa principale Ville qui n'est pas petite est à peu près située à la tête du Lac Majeur.

Le troisiéme Baillage est celui de Mendoise, lequel prend son nom de sa principale Ville que l'on trouve au Midi du Lac de Lugano : l'étendue de ce Baillage n'est pas plus grande que l'est celle du quatriéme par où passe la Riviére de Madie qui se perd dans le Lac Majeur : ceux de ce dernier Baillage

lage sont presque tous pauvres & peu industrieux ; les plus jeunes rodent en Suisse, pour y subsister de leur métier de Massons: mais les Habitans des deux premiers Gouvernemens sont riches, ou du moins fort aisez tant par leur savoir faire que par la bonté du Païs qu'ils habitent; ils n'en sont pas plus honnêtes gens avec les étrangers qu'ils rançonnent de leur mieux ; & dans la derniére guerre la France qui pardonne aifément, ne s'est que trop apperçu de leur peu d'affection, & de leur partialité.

Un vieux Gentilhomme d'Alsace me contoit l'autre jour que l'on disoit de son tems, Citoyens de Genéve; honorables de Lauzane; honnêtes de Vevai; goetres de Valais; divisez de Sion ; sociables d'Yverdun; Béarnois de Neuchâtel; superbes de Berne; bonnes gens de Fribourg; François de So-

Soleure; Suisses de Zurich; crapuleux de Schafouse; Catholiques de Lucerne; politiques des Grisons; marchands de Basle.

C'est assez vous parler de la Suisse, d'autant mieux que n'ayant point entrepris de vous faire l'Histoire des Païs que j'ai parcourus; je me suis borné simplement à vous donner une idée aussi juste que je l'ai pu faire des mœurs & de la Religion des différens Peuples que j'ai pratiquez. Par la lettre que vous avez pris la peine de m'adresser dans ce Païs, vous semblez me reprocher que j'ai parlé trop succinctement des Turcs: il est vrai que je ne me suis pas fort étendu sur leur façon de vivre, parceque je ne savois aucune anecdote à vous apprendre sur cette matiére, tant de Voyageurs en ayant parlé avec une si parfaite uniformité; que leur caractére ne nous est pas moins connu que leur

superfsuperstition : on s'apperçoit cependant que les Ministres de la Porte travaillent depuis peu de tems avec plus de secret & d'application ; & que sans donner tête baissée dans les belles Lettres ; ils apprennent peu à peu les Langues, & se fournissent de livres François, & encore plus d'Italiens, cette Langue leur étant plus aisée que toute autre : les Grands de la Porte se dénouent tous les jours, & les plus grands Seigneurs malgré tout le respect qu'ils ont pour leur Prophéte, boivent ouvertement du Vin, & ne sont plus tant la dupe de leur Alcoran qu'on pourroit se l'imaginer, quoiqu'ils en parlent ordinairement avec admiration. Il y a peu de Turc en place qui ne cherche présentement dans la force de son domestique à garentir sa vie si l'on entreprenoit de le faire périr ; ceux qui ont présenté leurs cols avec tant de résignasignation au premier ordre du Sultan, seroient moins soûmis aujourd'hui ; & s'ils ne se défendoient point ouvertement, ils chercheroient du moins leur salut dans une prompte fuite : j'ai pour garent de ce que je vous dis là, l'exemple d'un Bacha, ou d'un Tiran que j'ai vû à Damas, lequel non seulement a refusé à son Empereur de lui faire présent de sa tête, mais qui a trouvé le secret après avoir regné en dépit du Sultan pendant sept ans dans la Phénicie, de négocier dans le Serrail & d'obtenir le gouvernement d'Egypte, dont il venoit de se mettre en possession lors que j'en suis parti : & le Capitan Bacha qui en dernier lieu n'avoit sû, ou n'avoit pas voulu prendre Corfou, couroit hardiment les Mers depuis la déposition de sa charge avec deux Galéres armées & entretenues à ses dépens : je le rencontrai partant

tant de Scio, comme il revenoit de piller deux ou trois bureaux des Douanniers du Grand-Seigneur, ayant besoin, disoit-il, d'une somme pour se faire Roi de Tripoli, qu'il tient actuellement bloqué, après s'être emparé des Villes de Derne & de Bengazi.

Les revenus du Grand-Seigneur ne sont pas si considérables que nous le croyons, & nous ne connoissons point de Monarque autant pillé & aussi mal servi que l'est ce Prince, dont la Marine & les Magasins entiérement dépourvus sont dans un état pitoyable, & ses Janissaires aussi mal entretenus, que peu disciplinez : s'il renaissoit du sein de la Grece un Hector ou un Achille, les Grecs ne gemiroient pas long-tems sous le poids des fers dont on les voit accablez ; mais que peut-on attendre d'une Nation qui s'est rendue aussi méprisable ? Je passe en Alsace pour visiter cette

cette agréable Province, d'où je ne manquerai pas de vous écrire avec la même exactitude & le même empressement.

A Basle ce 20. Septembre 1722.

XXI. LETTRE.

ETant aussi près de l'Alsace, je n'ai pas voulu manquer de voir un des plus beaux, & des meilleurs Païs de l'Europe. De Basle je fus coucher le même jour que j'en partis à Kaisersberg, c'est à dire Montagne de César laquelle est une petite Ville fort pauvre, mais jolie, & située dans la Contrée d'Alsace la plus fertile en Vins. Colmar bâtie, selon la tradition du Pays, sur les ruines de l'ancienne *Argantouaria*, que l'Empereur Gratien rendit célébre par l'avantage

tage qu'il y remporta fur les Allemands; eſt fans comparaifon bien plus confidérable que Kaifersberg: cette Ville ne fe reffent plus de fes anciens malheurs, & depuis que le Duc de Wimar fit la conquête de cette place qui fut cédée à la France après la mort de ce Prince; elle eſt devenue la meilleure garnifon du Pays; elle eſt très peuplée, fort aifée, & l'on trouve bonne Compagnie chez une partie des Membres du Confeil Souverain d'Alface, lequel eſt fédentaire dans cette Ville Capitale de la Haute Alface & fituée fur la Riviére d'Ill.

De Colmar je me fuis rendu par un fort beau chemin au nouveau Brifac bâti vis à vis de l'ancien, lequel a été rendu à l'Empereur par le dernier traité de Paix: le nouveau Brifac eſt en deça du Rhin & à demie lieue de ce Fleuve; il eſt très réguliérement fortifié,

fié, & la Ville fort bien bâtie: on entre dans cette place par quatre portes diamétralement oppofées qui aboutiffent à une belle place quarrée, par des belles rues dont les maifons font toutes tirées au cordeau : avec une Compagnie choifie, & un air plus fain on vivroit délicieufement dans ce petit endroit là. Le vieux Brifac plus fort par fa fituation que par la bonté de fes fortifications ne m'a paru qu'une Ville peu commode & fort ennuyeufe : quelques Auteurs la nommoient la Citadelle de l'Alface ; d'autres la clef de l'Allemagne ; & un moderne l'oreiller fur lequel repofoit la Maifon d'Autriche ; il n'a pas fort paru pourtant dans la derniére guerre que cette place méritoit beaucoup l'attention de fa Majefté Impériale ; fes Magafins étant entiérement dépourvus, & la garnifon trop foible, & hors d'état de

faire languir long-tems l'Armée de France, quelque bonne volonté, que peuvent avoir eue les Généraux d'Arco & de Marcilli de la bien défendre. Turcheim petit Bourg près de Colmar seroit peu connu sans l'avantage que Monsieur le Vicomte de Turenne y remporta sur l'Armée des Impériaux : ce combat décida en quelque façon du gain de l'Alsace au profit de Louis XIV. Ensisheim sur la Riviére d'Ill est bien située, & aussi jolie pour le moins que la petite Ville de Sultz dont l'Evêque de Strasbourg est Seigneur. Ruffach n'est bon en tems de guerre, que par son Château : Haguenau & Veissembourg ne sont recherchez que pour des cantonnemens sur la fin de la Campagne. Scheleftad située sur la Riviére d'Ill étoit anciennement une Ville libre & impériale; on dit qu'elle fut ruinée par Attila : d'autres
Princes

Princes la rebâtirent dans la suite des tems; tout ce qu'elle a de meilleur préfentement ce font fes fortifications qui ne font pas mal entretenues. La Ville de Befort fituée au pied d'une Montagne à quatre lieues de Montbelliard, eft encore affez forte; c'eft un paffage de conféquence pour la Franche-Comté, mais les troupes deftinées à garder cette place peuvent fe vanter d'être dans la plus trifte garnifon du Royaume.

Phalfbourg fituée au pied des Montagnes de Vofge proche la Riviére de Zinzel, défendue par un ancien Château & les nouvelles fortifications que le feu Roi y fit faire, n'eft point belle, & de peu de reffource pour les plaifirs. Ceux de Saverne font fort modérez lorsque l'Evêque de Strasbourg n'y réfide point, ce qui arrive affez fouvent: ce Prélat y fait une dépenfe Royale, & occupe quand il y vient le beau Château que le Cardinal de Furstemberg y a fait bâtir. Sans le Maréchal de Turenne on ne parleroit pas plus du Bourg d'Enseim, que de plusieurs autres lieux qui ne méritent point qu'on en fasse mention.

Je me suis un peu écarté de l'Alsace pour aller visiter le bon Païs du Brisgaw : Fribourg qui en est la Capitale est située sur une petite Riviére au bout d'une fertile plaine, où l'on trouve le commencement de la Montagne Noire; cette Ville bien fortifiée, & soûtenue d'une bonne Citadelle, est assez grande, bien peuplée, avec diverses Eglises, plusieurs Maisons Religieuses, & une célébre Université fondée par Albert d'Autriche dit le débonnaire.

Landaw dans la basse Alsace bâtie sur la Riviére de Queitch sur les frontiéres du Palatinat, est située dans l'endroit de la Province ce le plus fertile, & le plus agréable : cette place est environnée de quantité de belles Prairies, d'un grand nombre de Bourgs ou Villages dont les habitans font valoir le marché de cette Ville dont les fortifications ont coûté de grandes sommes.

Après m'être bien promené aux environs de Landau, je me suis rendu dans deux jours de cette Ville, à celle de Strasbourg Capitale de la haute & Basse Alsace, & une des plus grandes & des plus belles d'Allemagne, tant par sa situation que par l'importance des fortifications que la France y fit faire dès qu'elle fut sous sa domination : elle est bâtie à demi quart de lieue du Rhin, au milieu d'une grande Campagne, où elle reçoit les Riviéres d'Ill & de Breusche. Tacite & César nomment Strasbourg *Tribocorum* & *Tribocum*, & d'autres *Argentina* :

ses principaux édifices sont bâtis de pierre de taille rouge, que l'on tire principalement des abondantes carriéres qui sont du côté de Saverne, ou de celles que l'on a découvertes le long du Rhin; ces carriéres fournissent des pierres dures & solides d'une grandeur étonnante, & on en tire qui ont jusqu'à quatre toises de longueur sur une de large: l'Arcenal & la Maison de Ville sont dignes d'être vûs, & l'Eglise de Nôtre Dame fait l'admiration des étrangers non seulement par la magnificence & la grandeur de son bâtiment, & par ses portes d'airain, mais par sa Tour laquelle est en Piramide d'un ouvrage tout à jour, & très estimée pour son rare travail & son élévation que l'on supute monter jusqu'à cinq cens soixante & quatorze pieds de haut: je ne pouvois me lasser d'examiner l'Horloge merveilleuse dont tant de de roues & de machines font mouvoir toutes les Conſtellations, & tourner les Cadrans qui marquent les heures du jour, le cours de la Lune & des autres Planettes: cette Ville Impériale s'eſt gouvernée en République pendant quelque tems; mais les François ont un peu changé la forme de ſon Gouvernement: l'Evêque ſuffragant de Mayence n'eſt pas ſuperbement logé dans ſon Palais Epiſcopal, quoique ſes revenus ſoient fort conſidérables.

Le Fort-Louis du Rhin eſt bâti dans une des Iſles de ce Fleuve, à ſept ou huit lieues au deſſous de Strasbourg: les rues de cette petite Ville peuplée de gens de toute ſorte de Païs ſont droites, & ſes maiſons d'une même ſimétrie; l'Iſle eſt entourée d'une enceinte de terre irréguliére, compoſée de pluſieurs baſtions & de redans.

Les Habitans de Weiſſembourg ne ſont riches qu'en beaux priviléges pour la pêche & la chaſſe; le terroir de cette petite Ville bâtie ſur la Riviére de Lauter eſt agréable & fertile. L'Alſace eſt en général un des plus abondans Païs que l'on puiſſe habiter; & quoiqu'un Païs de conquête, la France n'en a point de plus affectionné: cette Province s'étend le long du Rhin, qu'elle a à l'Orient; la Lorraine au Couchant; le Palatinat du Rhin au Septentrion; & au Midi le Sundgaw, autrement dit le Comté de Ferrete, avec une partie de la Franche-Comté, & de la Suiſſe: c'étoit le Païs des anciens Tribotes dont les Romains furent les Maîtres pendant plus de 400 ans: depuis eux les Rois de France y eurent de l'autorité, ſans en avoir deſpotiquement la ſouveraineté juſques au regne d'Othon I. Othon
III.

III. l'érigea en Landgraviat duquel la Maison d'Autriche a joui pendant long tems; & après que Louis XIV. l'eût joint à ses autres conquêtes, l'Empereur & toute sa Maison y renoncérent & le cédérent en 1648. par la paix de Munster.

Les Montagnes qui séparent l'Alsace de la Lorraine, sont assez élevées, & sont presque toutes couvertes de bois de sapins, hêtres, chênes, & charmes: celles du côté de la Suisse sont moins élevées, & fournissent du gibier en abondance, & du bois tant de chaufage que propre à bâtir: le Païs que ces Montagnes couvrent est varié par des Côteaux bien cultivez & fort agréables, & des Plaines très fertiles; on y trouve quantité de belles forêts; mais les plus remarquables & les mieux situées sont celles de la Hart dans la haute Alsace, de Haguenau, &

de Lutterbourg dans la baſſe : j'ai trouvé ſur les Montagnes qui ſéparent ce Païs de la Lorraine des Chênes qui ſeroient très propres pour la conſtruction des Vaiſſeaux, comme auſſi des Sapins qui ont juſqu'à cent vingt pieds de haut, & dont on pourroit faire de beaux & bons mâts : mais on ne peut les tranſporter dans les ports de France, qu'à force d'argent ; & avec beaucoup d'argent on applanit bien des difficultez.

On trouve dans cette Province bien des Abbayes d'Hommes & de Filles fort riches, ou du moins très aiſées ; j'ai viſité le Chartrier des plus conſidérables, dont les tîtres des fondations, prouvent bien que pluſieurs Seigneurs du Païs prenoient la qualité de Princes ou de Ducs, qui dans ces tems là pouvoit ne ſignifier que Chefs, ou Capitaines ; mais toutes ces Familles ne ſubſiſtent plus depuis long-

long tems, & celle d'Habspourg n'a jamais eu que le Landgraviat de cette Province, dont un Empereur avoit revêtu le Grand-Pere de Rodolphe I. La seule Maison de Lorraine qui ne céde en ancienneté à pas une du Monde Chrétien, prouvera bien clairement, quand elle le voudra, qu'elle vient directement d'un Comte Souverain d'Alsace, lequel tiroit son origine d'une Maison Royale.

Outre que l'Alsace fournit abondamment tout ce qu'on cherche pour la commodité de la vie ; on y trouve des Mines d'argent, de cuivre & de plomb, & une Fontaine minérale près de Sultsbach, dont les eaux sont en réputation contre la paralisie & foiblesse des nerfs ; heureux sont ceux qui n'ont pas besoin de ces bains, & bien heureux celui dont les revenus ne sont point assignez sur ces sortes de Mines dont la dépense du travail égale

égale au moins le profit. Je me suis promené fort à mon aise & agréablement en Alsace ; si je me trouve aussi bien de quelques Villes d'Allemagne que je vais visiter par la commodité du Rhin, je me trouverai bien dédommagé des peines de mon Voyage.

A Strasbourg ce 20. Novembre 1722.

XXII. LETTRE.

DE Strasbourg j'ai été dîner au Fort-Louis que j'avois déja vû; & du Fort-Louis du Rhin, je me suis rendu à Philisbourg, où les Cabarets n'invitent point de séjourner : c'est une Forteresse importante d'Allemagne que l'on nommoit Udenheim, avant que Phi-

Philipe Christophe Soeteren, Evêque de Spire & Archevêque de Tréves, la fit construire & fortifier de sept Bastions: l'on trouve près du Rhin un grand Château Episcopal que ce Prélat fit bâtir, & le Village d'Udenheim dans une Plaine entourée de marais, lesquels défendent encore les approches de cette place, que les François ont prise & reprise, & rendue par le Traité de Riswick après en avoir perfectionné les fortifications.

Spire dans le Palatinat du Rhin, se nommoit *Nemetes*, laquelle céda son nom au Village de Spire, quand on la joignit à ce Bourg qui en étoit proche: un Evêque de cette Ville assista l'an 346. au Sinode tenu à Cologne; & de son tems les Chanoines de sa Cathédrale qui ne faisoient aucune preuve pour entrer dans le Chapitre, vivoient en commun, menant une vie Mo-
nasti-

naſtique & aſſez édifiante; mais à peu près vers l'an 980. ils jugérent plus à propos de ſe ſéculariſer, & ſéparerent à cet effet leurs logis, & partagerent leurs revenus: cette Ville a eu d'aſſez grands malheurs, mais elle n'a jamais été ſi réduite que vers l'an 1675. On voit encore dans ſon Egliſe Cathédrale les Tombeaux des Empereurs Conrad II. d'Henri III. d'Henri IV. d'Henri V. de Philipe, de Rodolphe I. d'Adolphe de Naſſau, & d'Albert I. L'Evêque de cette Ville eſt le principal Juge de la Chambre Impériale de Spire, compoſée de deux Préſidens, dont l'un eſt Catholique & l'autre Proteſtant, & de quinze Conſeillers, dont huit ſont Romains, & les ſept autres Réformez.

De Spire ſans m'arrêter à Maneim qui ſe reſſent encore aujourd'hui des fureurs de la Guerre; j'ai deſcendu à Wormes Capitale d'un d'un petit Païs dont l'Evêque de cette Ville est Seigneur : Wormes bâtie sur les bords du Rhin dans le bas Palatinat fut ruinée par Attila dans le V. siecle, & réparée ensuite par le Roi Clovis : cette Ville ne fut pas plus heureuse en 1690 que les deux derniéres que je viens de visiter.

De Wormes continuant ma route par le Rhin, je me suis rendu à Mayence, située sur le bord de ce Fleuve près de son confluent avec la Riviére du Mein : les Antiquaires de cette Ville peu contens d'être redevables de la fondation de Mayence à Drusus, la font bâtir en dépit des meilleurs Auteurs, par un fils de Japhet, ou tout au moins par un grand Seigneur échapé de Troye : quoiqu'il en soit, elle est très ancienne ; & fut autrefois ruinée par les Bataves du tems de Vespasien, & par les Barbares sous l'Empire de Julien ;
les

Vandales & les Suéves la mirent encore dans un état pitoyable; mais les libéralitez des Rois très-Chrétiens, entr'autres de Clovis & de Dagobert la réparérent: on dit que saint Crescent Disciple de Saint Paul fut son premier Evêque; mais ce que je sais de plus sûr c'est que l'Archevêque de cette Ville est Doyen des Electeurs, & Grand Chancelier de l'Empire, & que les Chanoines de la Métropole ennuyez de mener une vie monastique se sécularisérent de la même maniére que ceux de Spire; je sais aussi que les Chanoines jouissent d'un revenu considérable; qu'on n'entre point dans le chapitre sans y faire des preuves de Noblesse de Pére & de Mére; & que celui qui brigue cet Archevêché n'obtient assurément point pour rien les suffrages des Chanoines qui contribuent à son élection. L'Electeur a son Maréchal & son Chan-

Chancelier; le premier est établi pour les affaires de la Guerre, & l'autre pour ce qui regarde la Justice : on voit dans cette Ville de belles Eglises, un grand Palais pour le Prince, une belle Maison de Ville, & trois Châteaux qui méritent d'être examinez : le Couvent des Chartreux parfaitement bien situé, n'est pas moins digne d'être visité, que la belle maison que l'Archevêque d'aujourd'hui a fait bâtir à cent pas de la Ville : ce Prince n'épargne rien pour rendre cette place redoutable à une Armée ennemie; & m'a paru fort honoré de son Peuple : il est de la Maison de Schomborn & n'a pas oublié que sa famille avoit besoin de lui : le premier Prélat qui fut fait Electeur de Mayence n'étoit assurément point en état de faire des preuves de Noblesse; mais il ne fut pas moins illustre par les grandes preuves qu'il ne cessa de de donner pendant sa vie de sa grande humilité ; car étant le fils d'un Charron il ne voulut avoir d'autres armes dans ses écussons qu'une roue de peur d'oublier son origine : au surplus cette Ville est toûjours fort considérable ; elle est très peuplée & remplie d'un fort grand nombre de gens de qualité qui m'ont parus assez sociables : on dit qu'ils le sont beaucoup pour ceux qui sont un peu plus particuliérement connus d'eux que je ne le suis ; cependant la plûpart de ceux que j'ai visitez m'ont régalé aux champs & à la Ville, & m'ont donné toutes les marques que je pouvois espérer d'une politesse peu fardée.

A Mayence ce 12 Decembre 1722.

XXIII.

XXIII. LETTRE.

DE Mayence je me suis rendu à Francfort Ville Impériale dans la Franconie, que le Mein sépare en deux : elle est très Marchande par ses grandes Foires qui s'y tiennent deux fois l'année; l'une dans le Printems, & l'autre dans l'Automne : les maisons y sont bâties de bois, couvertes de plâtre, & peintes par le dehors ; il y a plusieurs belles places & des Marchands fort puissans. Le fameux Concile que l'Empereur Charlemagne y fit assembler l'an 794. l'a rendue célébre ; elle ne l'est pas moins depuis qu'on y fait l'élection des Empereurs en conséquence de la Bulle d'or, laquelle est une Constitution que l'Empereur Charles IV. fit à Nuremberg. Les

Auteurs parlent diversement de l'origine de cette Ville; mais l'opinion la plus suivie est qu'elle a tiré son nom des François qui en faisoient leur passage même avant le VI. siécle, & que Charlemagne l'augmenta considérablement après avoir vaincu les Saxons sur les bords du Mein: comme cette Riviére la divise en deux parties, la plus grande retient le nom qui est commun à toute la Ville, & l'autre qui en est comme le Fauxbourg, a celui de Saxenhausen, c'est à dire, Maisons des Saxons: toutes les deux ne sont pas bien fortes, & ne peuvent compter que sur la profondeur de leurs larges fossez remplis d'eau & assez bien revêtus: ses édifices les plus beaux sont l'Hôtel de Ville, le Braunfelds ou le Palais Impérial, la Forteresse, le Port, l'Eglise de Saint Barthelemi que l'on croit avoir été bâtie par le Roi Pepin, si ce n'est pas l'ouvrage de Louis le Pieux Roi de Germanie : on peut voir encore à Francfort la Salle où se tint le fameux Concile, dans lequel l'Empereur Charlemagne parla si doctement ; c'étoit aussi par sa bouche Impériale que s'expliquoit le savant Alcuin devant les principaux Membres de cette grande Assemblée. De Francfort ayant repassé à Mayence ; je me suis arrêté deux heures à Rhinfeld, ou Rhintelden petite Ville de Souabe, bâtie sur le bord du Rhin, laquelle fut en 1676. le théâtre de la guerre : elle est encore assez forte & m'a parue de peu de ressource pour les Officiers qui s'y trouvent. De Rhinfeld j'ai été passer deux jours à Coblents autre Ville d'Allemagne dans l'Archevêché de Tréves & appartenante à cet Electeur : elle est située sur le confluent de la Moselle & du Rhin: c'est apparemment de là que les Latins lui

lui ont donné le nom de *Confluentes*. Antonin en fait quelque mention dans son Itinéraire; apparemment que de son tems, puisqu'il n'en dit que très peu de chose, elle n'étoit pas aussi jolie qu'elle l'est présentement : on y voit de grandes Eglises & de belles maisons bâties le long de la Riviére que je passai & repassai sur un pont volant pour aller visiter de l'autre côté du Rhin la fameuse forteresse d'Hermenstein qui passe, comme elle l'est effectivement, pour une place très régulière. L'Archevêque de Tréves Electeur de l'Empire a un Palais vis à vis Coblents qui mérite moins d'être vû que la Chartreuse : quelques Evêques s'assemblérent dans cette Ville vers l'an 860. pour y terminer les différends que le Roi Charles le Chauve, Louis le Germanique, & Lothaire Roi de Lorraine avoient entr'eux ; ils dressérent une

es-

espéce de formulaire pour l'obfervation de la Paix, que le Germanique jura le premier, & les deux autres Rois après lui ; cette affemblée dut être tenue vers le mois de Juin dans la facriftie de l'Eglife de Saint Caftor : j'ai lû dans la Bibliothéque de la Chartreufe plufieurs ordonnances que firent huit Prélats affemblez dans Coblents par Charles le fimple Roi de France & Henri l'Oifeleur Empereur ; par lefquelles il étoit très expreffément défendu de contracter mariage entre les parens qu'au feptiéme dégré ; les Princes qui regnent aujourd'hui moins dèfœuvrez que ceux de ce tems-là fe mêlent d'affaires un peu plus férieufes.

La petite Ville d'Andernac fur le Rhin, bâtie au pied des Montagnes eft pauvre & peu confidérable : celle de Bonne où j'ai fejourné, s'augmente & s'embellit tous les jours,

jours ; elle est située sur le Rhin à quatre lieues de Cologne, dans une Campagne très agréable entourée de Côteaux chargez de vignes, & de bois; elle est fort ancienne; & fut autrefois célébre par les Combats des Légions Romaines: l'Electeur de Cologne fait sa résidence ordinaire dans cette Ville qui souffrit beaucoup dans les premiéres guerres des Païs-Bas & fut vigoureusement attaquée par les Bavarois, & par les Troupes du Duc de Parme qui à la fin l'emporta par famine l'an 1588. Ce fut en cette Ville que Frédéric d'Autriche qui avoit été élu Empereur malgré Louis de Baviére, fut couronné: c'étoit autrefois une Ville Impériale; mais présentement elle est sous l'obéissance de l'Electeur de Cologne. Plusieurs Auteurs qui s'y sont peut être bien trouvez, lui prêtent aussi un Prince Troyen pour fondateur; mais Florus un peu plus exact

la

la donne encore pour un ouvrage de Drusus: quoiqu'il en soit; elle est l'*Ara Ubiorum* des anciens, dont parle Tacite aussi bien qu'Antonin dans son Itinéraire; son nom se trouve aussi dans quelques médailles d'Auguste sous le nom de Colonie, *Col. Julia Bona*. Le Palais de l'Electeur est fort beau, & la Maison de Ville assez bien bâtie, on y voit diverses peintures, & une Horloge dont le carillon ne déplaît point aux gens du Païs: on croit que la principale Eglise de cette Ville fut fondée par la Mere de l'Empereur Constantin à l'honneur des Saints Martirs Cassius, Florent, & Malusius, Soldats dans la Légion des Thébains; c'est un fait que bien des gens n'osent garentir; il est bien plus aisé de savoir qu'une très belle maison, qui n'est pas le moindre ornement de Bonne, fut bâtie il y a quelques années par le

Général Comte de Saint Maurice, sorti d'une des plus anciennes Maisons de Savoye.

De Bonne j'ai passé à Cologne laquelle est une des plus considérables de l'Empire : les Auteurs Latins l'ont nommée *Colonia Ubiorum*, & *Colonia Agrippina* ; elle est Impériale, & l'une des quatre Capitales Anséatiques, avec Université & Archevêché, dont le Prélat qui est Prince, & Electeur de l'Empire, prend le titre d'Archichancelier, de Duc de Westphalie, de Légat né en Italie &c. La Ville est très ancienne & tire son origine des Ubiens Peuples qui obtinrent l'alliance de Jule César pour pouvoir résister aux Suéves leurs plus grands ennemis ; ces premiers sous la protection d'Agrippa ayant passé le Rhin y fondérent sur la rive gauche la Ville de Cologne qu'ils nommérent alors la Colonie d'Agrippa

pour

pour faire honneur à leur Protecteur : quelques Auteurs ne s'expliquent point de même, & disent que cette Ville étoit déja bâtie, & que les Ubiens l'ont seulement aggrandie, ou réparée peu d'années avant la naissance de Jesus-Christ : depuis cette époque Agrippine petite fille de ce même Agrippa, & Mére de Neron, étant née à Cologne, & voulant donner à cette Ville des preuves éclatantes de sa bienveillance & de sa libéralité, en augmenta considerablement le circuit, & la peupla d'une Colonie de Vétérans : Mérouée qu'on dit avoit été Roi de France chassa les Romains de cette Ville qui peu de tems après fut ruinée par Attila & réparée par Clovis. Cologne est nommée la Rome d'Allemagne à cause de sa grandeur, de son Sénat, & de la beauté de ses édifices ; 83 Tours défendent ses murailles dont un

triple

triple fossé qui l'enferme en demie Lune éloigne les approches; on y compte plus de trois cens Eglises, dont la Métropole dédiée à l'Apôtre Saint Pierre seroit une des plus belles du monde si elle étoit achevée; il y a divers tombeaux remarquables, entr'autres ceux qu'on prétend être des trois Rois qui vinrent rendre hommage au Fils de Dieu; on veut que leurs corps ayent été portez à Cologne; on voit leurs ossemens derriére le Chœur dans une Chapelle éclairée de plusieurs Lampes. Il n'y a que les personnes de la premiére qualité qui puissent espérer d'entrer dans ce chapitre, dont les Chanoines ont le títre de Comtes: on trouve dans Cologne cinq principales places; mais j'estime bien autant la douceur & l'honnêteté de ses habitans que la propreté de ses rues & la beauté de ses édifices. On conte qu'un Saint Anno l'un
des

des premiers Archevêques de cette Ville fit arracher les yeux à des Juges qui avoient prononcé un arrêt injuste contre une pauvre femme, & qu'il permit feulement qu'on laissât à un d'eux un œil pour qu'il fût en état de conduire les autres chez eux. Cet Electeur est grand Chancelier de l'Empire dans l'Italie sans y pouvoir faire les fonctions de cette charge: celui de Mayence se plaint de la même chose dans les Gaules; quoique leurs raisons soient différentes, d'autant mieux qu'il y a des Principautez en Italie qui relèvent toûjours de l'Empire; il faut aussi ajoûter que les Princes qui les possédent ayant obtenu la qualité de Vicaires perpétuels de l'Empire, ne manquent point de faire dans l'étendue de leurs jurisdictions ce que l'Empereur y pourroit faire pour les affaires communes; ou se pourvoyent au pis aller à la

Cour Impériale pour les principales expéditions ; c'est pour cette raison que l'Archevêque de Mayence lequel est grand Chancelier en Allemagne, a la garde des Archives & des titres qui concernent l'Italie : quoiqu'il soit expressément décidé par la Bulle d'or que l'Archevêque de Cologne a le droit de sacrer les Empereurs ; il semble néanmoins que ce droit ne lui doive appartenir que lorsque le couronnement se fait dans son Diocése, ou dans les Evêchez suffragans ; l'Archevêque de Mayence ne manque point de le lui contester quand cette cérémonie se fait ailleurs : il a été réglé depuis que l'un de ces deux Archevêques auroient le pouvoir de le sacrer dans son Diocése ; mais cela n'empêche point que celui de Cologne ne précéde le premier dans l'étendue de sa Métropolitaine & de sa Chancellerie en Italie, où

il

il prend place à la main droite de l'Empereur, laissant la gauche à l'Electeur de Mayence qui le précede par tout ailleurs. L'Archevêque fait exercer la justice criminelle par ses Officiers dans la Ville de Cologne, quoiqu'elle soit libre & immédiatement sujette à l'Empire ; aussi ne souffre-t elle point que son Prélat quand il y vient y fasse un long séjour, sur tout lorsqu'il s'y rend avec une suite trop nombreuse : cette méfiance de la part des habitans, est la source des grands différends survenus & qui se perpétueront entre la Ville & son Prince Electoral. Le grand Chapitre de Cologne est composé de soixante Chanoines, lesquels sont tous fils de Princes, ou de Comtes, & l'on n'y reçoit point de simples Gentilshommes, ni même de Barons, comme on fait à Mayence & à Tréves, où l'on n'admet point volontiers les Princes & les Comtes: en tout cas si ceux de Cologne sont fort difficiles pour recevoir les preuves du côté du Pere, j'ai des fortes raisons pour être persuadé qu'ils sont assez galans pour être plus traitables sur les aliances de la Mere : les vingt quatre plus anciens Chanoines forment un chapitre particulier pour l'élection de l'Archevêque; ils ont seuls voix active & passive pouvant élire un de leurs Confréres; mais on n'est point élevé pour rien à cette dignité.

J'ai fait bonne chére à la Chartreuse qui est grande & fort riche : Saint Bruno Fondateur de cet Ordre étoit natif de cette Ville ; d'où je continue ma route en côtoyant le Rhin pour m'aller refaire des fatigues de mon voyage chez un de mes amis qui m'attend dans le Païs de Cléves. Vous devez être bien assuré d'y avoir en moi un essentiel serviteur.

A Cologne le 26. Décembre 1722.

XXIV.

XXIV. LETTRE.

JE souhaite de tout mon cœur que l'année où nous entrons vous soit aussi heureuse que les précédentes, & qu'un second Mississipi qui a si bien relevé tant de Maisons de qualité absolument tombées, acheve de rétablir la vôtre. J'ai séjourné le premier jour de l'an à Dusseldorp Ville d'Allemagne, située sur le Rhin à cinq ou six lieues de Cologne & à quatre de Juliers; elle est Capitale des Duchez de Mons & de Berg, & appartient au Duc de Neubourg, dont le Palais est assez bien bâti: le séjour en est agréable, & on y trouve de la société & de l'agrément pour peu que l'on y soit connu, & que l'on soit homme de condition; les Allemans étant généralement fort civils & très empressez pour toutes les personnes qui ont de la naissance. Nuis ou Neus dans l'Archevêché de Cologne située a portée du Rhin vers l'endroit où ce fleuve reçoit l'Erpt; est la même que les Latins nommoient *Novesium*; elle est ancienne, & assez forte quoique mal fortifiée, & encore aujourd'hui célébre par la vigoureuse resistance qu'elle fit à Charles le Téméraire Duc de Bourgogne, lequel l'assiégea pendant un an. L'Empereur Frederic III. lui donna de grands privileges, & on croit qu'une pieuse Reine y fonda le Chapitre des Dames Chanoinesses. Cette Ville-là ne se ressent plus tant d'avoir été prise & reprise durant les guerres d'Allemagne du XVII. siécle.

De Nuis j'ai été voir la petite Ville de Rhimberg sur le Rhin, la-

laquelle est aussi de l'Electorat de Cologne; les murailles de la Ville sont assez bonnes, & la société qu'on y trouve est fort mauvaise.

Vesel Ville Anseatique dans le Duché de Cleves étoit anciennement libre & imperiale; ses fortifications sont belles & bien entretenues, aussi-bien que sa Citadelle: cette Ville est assez riante & située à l'embouchure de la Lippe dans le Rhin, à quatre milles d'Allemagne de la Ville de Gueldre & à treize de Juliers vers le Septentrion: il n'y a que quelques années que les bonnes Maisons de Vesel s'en sont éloignées, & dans la derniere guerre on y trouvoit encore bonne & nombreuse compagnie, parmi lesquelles beaucoup de François Réfugiez vivoient agréablement.

Cleves Capitale d'un Duché auquel elle donne son nom, tire peut-être le sien du mot Latin

Clivus, lequel signifie la pente d'une Colline, parcequ'effectivement elle est située dans un endroit près du Rhin, où l'on trouve trois de ces descentes ; c'est apparemment pour cette raison que les Romains l'ont nommée *Clivus*, ou *Clivia* ; on croit qu'ils en sont les Fondateurs, & que Cesar y fit travailler ; c'est du moins le sentiment de plusieurs Auteurs : la Ville n'est pas grande, mais elle est bien peuplée, & bâtie sur une petite Riviére, près de l'endroit où le Rhin se divise en deux branches, & où l'on voit le Fort Schenk ; une Tour quarrée & diverses masures qu'on trouve près de cette Ville, marquent assez qu'elle a été autrefois bien plus considérable qu'elle ne l'est aujourd'hui. Au surplus le Duché de Cleves est situé en deça & au delà du Rhin, ayant au Levant le Duché de Berg, le Comté de la Mark

Mark & partie de la Westphalie; le Brabant & une partie du Duché de Gueldre au Couchant; au Midi l'Archevêché de Cologne; & au Septentrion l'Over-Issel, & la Province de Zutphen: ce Païs peut avoir quinze ou seize lieues de longueur, & quatre ou cinq de large. Plusieurs Seigneurs de la Maison de Cleves ont prétendu sortir de ce fameux Chevalier du Cigne, dont les Romans ont si honorablement fait mention; mais je crois que ceux qui se sont contentez d'une origine pure & constante ne l'ont trouvée que dans la Maison d'Alten, d'où sont venus les Comtes de Cleves, aussi-bien que ceux de la Mark: la succession de cette Maison éteinte a passé dans celle de Brandebourg, le Roi de Prusse s'en étant emparé, comme le plus proche, ou le plus puissant héritier; peut-être que le Roi Henri le Grand en eût fait décider autrement,

ment, si ceux qui craignoient le bonheur ou la justice de ses armes, n'eussent fait trancher le cours d'une si belle vie.

La Ville de Juliers défendue par une assez bonne Citadelle & bâtie sur le Rure ou la petite Riviére de Roer, est celle que les Latins nommoient *Juliacum*: elle n'est point autrement considérable, mais elle est fortifiée, & très ancienne, & a donné son nom à tout le Duché lequel est entre la Meuse & le Rhin, le Païs de Cléves & de Limbourg, l'Evêché de Liége & l'Archevêché de Cologne: plusieurs Auteurs veulent que Jules César ait fait bâtir cette Ville; mais d'autres sont du sentiment qu'elle est encore un ouvrage de Drusus. Si cela est vrai, on ne doit point douter que ce fils de Tibere n'aimât plus à bâtir des Villes, qu'à les détruire. Le Comté de Juliers érigé en Duché l'an 1340.

a eu ses Seigneurs particuliers, dont l'un joignit à ses petits Etats le Païs de Gueldres en épousant l'héritiére de ce Duché là il y a près de trois cens ans.

J'ai été visiter une partie du Duché de Gueldres qui fait l'une des dix-sept Provinces du Païs-Bas; la Ville principale de cette Province n'est belle ni fort riche; elle est située dans un lieu marécageux sur la petite Riviere de Niers qui peut lui servir de fossé; son Château me paroît extrêmement fort, à cause de son assiette. La petite Ville de Venlo jolie & assez habitée, est moins considérable que celle de Ruremonde, située sur la Meuse, à l'embouchure de la Rure, d'où elle a pris son nom : on trouve de la société dans cette Ville, qui est grande & assez belle; & on y voit plusieurs Mouastéres, dont celui des Chartreux est le plus considérable. Nimegue

megue que les Latins nomment *Noviomagus*, Capitale de la basse Gueldre, fut souvent prise & reprise dans le XVI. siécle par les Hollandois & les Espagnols, & resta enfin aux premiers; elle est sur cette partie du Rhin qu'on nomme Vahal entre Ravestein, Ruremonde, & Utrecht, & doit être regardée comme une Ville ancienne, puissante, & fort peuplée: c'est où fut conclue la Paix de 1678. Arnheim est *l'Areacum* dont Tacite fait quelque mention, c'est une Ville assez grande qu'Othon IV. Duc de Gueldre avoit fait fortifier & que les Hollandois ruinérent lorsqu'ils s'en rendirent les maîtres en 1585. L'Empereur Charles V. y établit, avant qu'elle échapât aux Espagnols, le Conseil de Gueldre & de Zutphen; elle est encore aujourd'hui le séjour de la Cour Provinciale de Gueldre, & la principale de la quatriéme

me partie de ce Duché, qui a la Frise au Septentrion avec un Golphe de la Mer Germanique ; la Meuse & la Province de Juliers au Midi ; une partie du Rhin, & du Duché de Cleves à l'Orient ; & la Hollande & le Païs d'Utrecht à l'Occident : ce Païs n'a que peu de Montagnes, beaucoup de Plaines assez fertiles & bien cultivées, & quantité de bois & de paturages ; cette Province est divisée en quatre quartiers dont une partie est aux Hollandois, & l'autre appartient au Roi de Prusse qui s'en est saisi dans la derniére guerre : le Duché de Gueldre a eu autrefois des Seigneurs particuliers, lesquels étoient des Gouverneurs qui s'en rendirent les Maîtres sous la seconde race des Rois de France ; un Duc réunit dans la suite des tems à lui seul tout ce Païs, qu'une Adelaïde unique héritiére d'un Comte de Gueldre porta dans la
Maison

Maison de Nassau vers l'an 1060. Cette branche de Nassau dont un Prince fit ériger en Duché son Comté de Gueldre en 1340. s'éteignit peu de tems après l'érection du Duché, lequel passa dans la Maison d'Egmont, qui n'en jouit pas longtems ; Arnoul Comte d'Egmont ayant vendu à Charles le Téméraire Duc de Bourgogne les droits qu'il pouvoit avoir sur le Duché de Gueldre, dont la Maison d'Autriche fort attentive à faire valoir ses prétentions s'empara ; Charles V. petit fils de Marie prétendant être l'héritier de tous les droits que la Maison de Bourgogne pouvoit avoir en quelque lieu que ce fût. Je me suis un peu écarté du Rhin pour visiter les bords de la Meuse ; j'ai séjourné à Mastricht situé sur cette Riviére : cette Ville que les Latins ont nommée *Obtricum*, ou *Trajectum ad Mosam*; est fort ancienne & doit passer pour une

une des meilleures & des plus fortes places du monde : quoique comprise dans les Païs-Bas, elle est proprement dans le Liégeois : & un Evêque de Liége, duquel sort une Maison, dont un brillant Chapitre n'a point dédaigné de recevoir les preuves, la vendit à l'Empereur Charles V. c'est apparemment pour cette raison que plusieurs mettent Mastricht dans le Brabant à cause qu'elle fut longtems sous la domination des Espagnols, lesquels n'ayant pu en faire lever le siége aux Hollandois en 1633. la leur abandonnérent par la paix de Munster ; l'armée de France la prit l'an 1673 en treize jours & celle des Confédérez ne put s'en rendre maîtresse au bout de cinquante : la paix de Nimégue racommoda bien des choses, & Mastricht fut cédé aux Hollandois par le 8. article du Traité fait & passé en 1678.

La Ville de Liége Capitale du Païs

Païs est fort ancienne, & la plûpart de ses antiquaires veulent qu'elle ait été bâtie par cet Ambiorix Roi des Eburons, grand ennemi des Romains, lequel leur tailla en piéces une Légion commandée par deux Lieutenans de César, qui ne vangea pas mal dans la suite ses Généraux de l'affront qu'ils avoient reçu : que cette Ville là ait été bâtie par un Ambiorix, ou par quelque autre ; il est très certain qu'elle est grande & fort peuplée, & qu'elle est située dans une agréable vallée, environnée de belles montagnes que divers vallons séparent avec des prairies, par où coulent les petites riviéres d'Ute, Vese, & Ambluar lesquelles se déchargent dans la Meuse, avant qu'elle entre dans la Ville : le palais du Prince est magnifique ; la Maison du Grand Prévôt du chapitre nouvellement bâtie parfaitement belle, & plusieurs

sieurs édifices, comme les Eglises, & les Ponts peuvent satisfaire la curiosité des plus difficiles: il y a grand nombre d'Abbayes, de Maisons Religieuses, & huit Eglises Collégiales; la Cathédrale dédiée à saint Lambert, est célébre par son chapitre, qui se trouve bien souvent composé de Princes, de Cardinaux, & de personnes de la premiére qualité, parmi lesquelles on en compte d'une naissance assez commune; il s'en faut beaucoup que le chapitre quelque respectable qu'il puisse être, soit aussi bien composé, que ceux d'Allemagne. Quoique je susse que Tongres n'étoit plus rien, j'ai été voir les ruines de cette Ville située sur le Jecker; elle est des plus anciennes & fut ruinée par Attila, ensuite par les Normans: on dit que saint Materne envoyé par saint Pierre y prêcha l'Evangile, & en fut le premier Evêque; ses successeurs en en transférérent le siége Episcopal à Maſtricht, & dans la ſuite du tems ils le tranſportérent de Maſtricht à Liége : cette pauvre Ville n'a conſervé de ſon ancienne ſplendeur, que la gloire d'avoir été fort conſidérable, & d'être ſouvent nommée par Céſar, Pline & Tacite.

Le Païs de Liége eſt fertile en grains & en fruits, & abondant en gibier ; on ne vante pas beaucoup la ſincerité de ſes habitans leſquels ſont affables & prévenans : on trouve dans le Païs des mines de fer & de plomb, des carriéres de marbre & d'une certaine terre propre à brûler, de laquelle les Liégeois font un grand commerce : l'Evêque eſt Seigneur de tout ce Païs, Prince du Saint Empire, & prend le titre de Duc de Bouillon, de Marquis de Franchimont, & de pluſieurs autres Seigneuries titrées qui ſont dans l'étendue de ſon Evêvêché, où l'on compte aussi près de cinquante Baronies, grand nombre d'Abbayes, plus de vingt Villes fermées, & près de quinze cens Villages. Cette Principauté est entre le Brabant, la Meuse, le Comté de Namur, & une partie des Duchez de Gueldre, & de Luxembourg : le Païs de Namur montueux, & propre pour la chasse ; n'a guére plus de douze lieues de longueur, & un peu moins de largeur ; la Ville de Namur que l'on croit être la *Nemetacum* de César ; quoi que quelques modernes la prennent pour Arras, est des mieux fortifiée, & soûtenue d'un Château extrêmement fort ; elle est située entre deux Montagnes sur la Sambre, & à côté de la Meuse ; ce n'est point une belle Ville mais l'hiver on y trouve assez de Noblesse & de Compagnie : ce Comté qui est une des dix sept Provinces, est entre le Hainaut, le Brabant,

bant, le Luxembourg, & le Païs de Liége ; on y trouve des mines de fer & de plomb, & des carriéres de diverse sorte de marbre, avec des mottes de terre propre à brûler, que l'on appelle Houles. L'origine du nom de Namur paroît aussi fabuleuse que celle de ses premiers Comtes, dont les Etats tombérent encore dans la Maison de Bourgogne qui s'est fondue dans celle d'Autriche : Louis XIV. la prit en personne l'an 1692, & le Roi Guillaume trois ans après s'en rendit le maître : cette Province est arrosée par la Sambre, & la Meuse ; cette derniére est une Riviére que les Latins nomment *Mosa*, dont j'ai vû autrefois la source près d'un Village qui lui donne son nom, lequel Village appartient à un Gentilhomme de cette bonne Maison de Choiseuil : en sortant de sa source, elle coule doucement dans la Lorraine & le Bar-

Barrois; & commençant à porter bateau à Saint Thibaud, baigne de ses eaux bienfaisantes quantité de Villes, comme Verdun, Sedan, Meziéres, Liége, Maſtricht, & ayant formé une Iſle ditte Yſſelmonde, au delà de Dordrecht, ſe décharge dans l'Ocean, après avoir reçu en différens endroits cinq ou ſix ruiſſeaux qui groſſiſſent conſidérablement ſes eaux.

Je ne puis me réſoudre de perdre ſi-tôt de vue le voiſinage du Rhin : c'eſt, comme vous ſavez, un grand fleuve d'Allemagne & des Païs-Bas, qui prend ſa ſource dans les Alpes au Mont Saint Gothard à deux lieues de celle du Rhône : on le voit naître de deux Fontaines, l'une ditte Voder-Rhyn, ou le premier Rhin ; & l'autre Hinder-Rhin comme qui diroit le ſecond Rhin, leſquelles ſe joignent toutes deux enſemble : ce Fleuve ne paroît navigable que du côté de Chur dans la Suisse, laquelle il sépare du Comté de Tirol; & après avoir traversé le Lac de Constance, passant par Schafouse & Basle, il entre dans l'Alsace, & ayant ensuite enflé ses eaux de plusieurs Riviéres, il vient arroser Philisbourg, Spire, Wormes, Mayence, & Cologne, d'où continuant son cours par le Palatinat, il poursuit sa course vagabonde par plusieurs Etats appartenans à différens Princes de l'Empire; & après avoir été comme forcé de se diviser contre le Fort de Skenk, une partie de lui-même prend le nom de Wahal, qu'il va perdre dans la Meuse, ayant coulé vers Nimégue, Tiel, & Bommel; l'autre partie se partage encore au dessus d'Arnhem, d'où la moitié des eaux qui lui restent, entre dans un Canal que Drusus fit creuser autrefois & conduire près d'un lieu que l'on appelle aujour-

aujourd'hui Doesbourg, pour faire communiquer en cet endroit-là les eaux du Rhin avec celles de l'Iſſel ; mais cette branche ne doit point prendre le nom d'Iſſel, avant que d'être tombée dans cette Riviére à quelques lieues au deſſous d'Arnhem : le Rhin ſe partage encore à la petite Ville de Duerſtede, où ſa branche principale vient prendre le nom de Lechk, laiſſant traîner comme elle peut à la petite, ſon premier nom : ce fleuve ſe diviſe enfin pour la quatriéme fois à Utrecht & par pluſieurs Canaux tâche de joindre l'Ocean qu'il n'a preſque plus la force de trouver.

Ce fleuve eſt très rapide, fort profond, & ſon fonds eſt d'un rude gravier mêlé de cailloux ; il eſt des plus bizarre dans ſes débordemens, emportant pour lors des Iſles entiéres pour en former de nouvelles, où il n'y en a point eu ; il défigure ſes anciens bords ;

déracine des arbres qu'il transporte dans le courant de la navigation, & change souvent son lit; ce qui embarasse tout à fait les Bateliers, lesquels sont obligez de s'orienter tous les ans sur le chemin qu'ils doivent tenir, de sorte que la navigation du Rhin n'est pas toûjours fort aisée; car outre ce que je viens de dire, l'on ne peut point établir un chemin le long des bords de ce fleuve dans bien des endroits, pour tirer les bateaux en remontant avec des Chevaux, à cause de la quantité de coupures que font les bras qui forment des Isles; ce qui interrompt à tout moment la communication de l'un à l'autre: ces difficultez sont la cause qu'il n'arrive point bien souvent en Hollande des Marchandises de Francfort & de Basle par les bateaux; les Marchands préférant les voitures par terre quoique fort chéres, à tous les

les risques d'une Navigation autant embarassée; & la plus grande utilité que plusieurs Païs tirent de ce Fleuve en tems de guerre, c'est de les défendre contre l'invasion de leurs ennemis qui ne peuvent passer cette Riviére qu'avec de grandes difficultez, tant à cause de sa rapidité, que par la quantité d'Isles couvertes & de bois & de broussailles que l'on ne pénétre point sans peine: on veut que ce fleuve roule de l'or dans son sable, & après ses débordemens d'abord que les eaux se sont retirées, ceux qui sont les moins éloignez de ses bords, s'occupent à ramasser cet or qui n'est point en lingots; mais quoique cette occupation ne rende pas beaucoup, elle ne laisse pas que de contribuer à la subsistance de ces pauvres gens là: au surplus je n'ai point trouvé de fleuve qui m'ait autant plu que celui-ci; les bords en sont des plus agréa-

agréables sur tout depuis Strasbourg jusques à Cleves ; on trouve sur cette route continuellement de quoi s'occuper ; ou c'est une nouvelle Ville que l'on découvre, ou un Bourg considérable, ou bien une forteresse bien bâtie, & très souvent de fort beaux Châteaux, lesquels appartiennent à des gens de la premiére qualité ; comme vous diriez celui du Comte de Newitt, dont le Seigneur est d'une grande naissance, & qui se fait beaucoup d'honneur de ses revenus : outre les grandes maisons de Campagne que possédent tant de différentes personnes titrées ; combien d'Abbayes, & de Couvens d'Hommes & de Filles ne compte-t-on point sur cette route, où l'on voit encore au milieu du fleuve deux Tours bien conservées ; l'une vis à vis de Bingen nommée la Tour des Rats, & l'autre dans le Palatinat du Rhin, où les

Elec-

Electrices alloient faire autrefois leurs couches : à l'occasion de ces deux Tours, on m'a débité quelques fables, peut-être plus supposées qu'une partie de ce que l'on m'a dit de sept Châteaux lesquels appartenoient à sept freres qui les avoient bâtis sur sept différentes Montagnes voisines les unes des autres, sur lesquelles on voit encore aujourd'hui les ruines de leurs anciens bâtimens. Je vais, comme je vous l'ai déja marqué, passer quelque tems dans le Païs de Cléves chez un de mes amis : j'en irai voir un autre auprès de Courtrai qui ne sera peut-être point fâché de me revoir : je compte ensuite de me rendre à Paris, où je suppléerai en vous entretenant à la brieveté de mes Lettres.

A Vezel ce 4 Mars 1723.

XXV. LETTRE.

J'Ai passé quelque tems dans les Duchez de Cleves & de Juliers, sans pouuoir espérer de m'y délasser des fatigues de mon voyage, ayant toûjours été occupé pendant le séjour que j'y ai fait, à recevoir ou à rendre bien des visites : on est dans ce Païs-là fort honnête ; les étrangers connus y trouvent toute sorte d'agrément ; on y fait bonne chére, on y voit bonne Compagnie, & quantité de Noblesse établie dans les Villes ou dans leurs terres. Etant parti de Cléves, & repassant par Gueldre, Venlo, Ruremonde, Mastricht, & Tongre, desquelles je vous ai parlé dans ma précédente; je me suis arrêté un peu à l'Abbaye de Saint Tron bien bâtie & bien

bien fondée; elle est assez bien située à une lieue de Leawe, qui est bien le plus désagréable lieu que l'on puisse habiter: de Leawe mieux défendue par les marais impraticables dont elle est environnée que par ses fossez qui ne sont revêtus que de terre, j'ai été renouveller mes connoissances de Louvain, Ville de Brabant dans les Païs-Bas, que les Latins nomment *Lovanium*; elle est fort vaste, & très ancienne, puisqu'on lui donne pour Fondateur un certain Lupus, ou tout au moins Jules César; peut-être bien qu'aucun d'eux n'y a jamais songé; mais bâtie par qui que ce puisse être, il n'est pas douteux qu'elle est très célébre par son Université fondée depuis 300 ans par Jean IV Duc de Brabant, & enrichie de beaux Priviléges par les Papes Martin V, & Eugene IV. On y compte près de vingt Colléges; dans la plupart desquels on enseigne toutes sortes de sciences, à l'exception des Magiques, que l'on n'apprend en aucun lieu du monde : l'Université a pour Chef un Recteur, qui exerce les fonctions de cette charge pendant six mois ; il est le Protecteur du Collége & des Ecoliers, & a beaucoup de crédit dans la Ville située sur la Riviére de Dile à quatre lieues de Bruxelles : je compte qu'elle a bien quatre milles de circuit, en comprenant dans son enceinte des grandes & puissantes Abbayes, des Jardins, & des prairies assez étendues ; il y a plusieurs Eglises, & un grand nombre de Monastéres, où l'on voit de beaux tombeaux, particuliérement dans l'Eglise des Célestins. Quelqu'un a cru que Louvain avoit bien pû tirer son nom de Loven, qui signifie une colline aboutissante à une plaine ; ce fut un Château où l'Empereur Arnoul maltraita beaucoup

coup les Normands dix ans après qu'ils y eurent établi leur camp, on y bâtit insensiblement des maisons, desquelles on forma un Bourg qui fut entouré de murailles, & dans la suite des tems elle s'est agrandie, & fait renommer par son commerce: l'Université de Louvain a été féconde en hommes de Lettres & en célébres Professeurs; elle fut censurée en 1587. sur ses sentimens sur la grace: peu de gens ignorent les savans démêlez qu'elle a eus avec une puissante Société, attachée à l'Eglise, fidéle à ses amis, & plus utile à un Etat que bien des gens ne se l'imaginent; mais on hait souvent beaucoup plus par tempérament que par aucun sujet de se plaindre de ceux qui sont en place. Les fortifications de Louvain ne sont pas meilleures que ses habitans qui ont tout le mauvais des Républicains sans en avoir le bon.

Je me suis rendu par une belle chauffée de Louvain à Bruxelles, dans laquelle est le siége de la Chancellerie de la Cour de Brabant, des Conseils d'Etat, des Finances, & de la Guerre; & le séjour ordinaire du Prince & du Gouverneur que le Souverain des Païs-Bas juge à propos d'y placer : elle est située sur la petite riviére de Sinne, ou de Saine, laquelle se rend dans l'Escaut par un Canal qui n'est point ancien, & auquel on donne cinq lieues de longueur : une partie de cette Ville est bâtie dans la plaine, & l'autre est élevée sur un côteau fort agréable, environnée d'une double muraille qui n'est pourtant bonne qu'en tems de paix : ces deux murailles sont assez éloignées l'une de l'autre, & ont entre deux du côté de l'Orient, le Palais où se tient la Cour. La Riviére de Sinne qui passe dans Bruxelles, ne diminue point les agrémens de cette te grande & belle Ville ; elle l'arrose en plusieurs endroits, & se rassemble pour y remplir le grand canal, qui se divise en deux branches dans la basse Ville bordée de grands quais, où l'on voit un grand nombre de barques que la Mer y envoye par la voye de l'Escaut : on trouve de beaux Hôtels dans cette Ville, la plûpart occupez par la Noblesse des Païs-Bas la plus illustre ou la plus épurée ; on y voit de belles rues, grand nombre de maisons bien bâties, de grandes places avec des Fontaines, & des Palais magnifiques : celui du Gouverneur est dans un lieu assez élevé, avec de riches appartemens & des Jardins qui paroissent bien entretenus, sans répondre tout à fait à la magnificence du bâtiment : les étrangers ne seront pas fâchez d'y voir le Palais du Prince, la Maison de Ville & plusieurs Eglises ; mais entr'autres celle

celle de Sainte Gudulle, ornée de riches peintures, de belles statues, & de bien d'autres curiositez qu'on estime être fort précieuses. Les Tombeaux de plusieurs Ducs de Brabant, & de quantité de personnes d'une grande naissance méritent aussi d'être visitez ; on les trouve dans différentes Eglises que l'on peut visiter sans craindre de n'y rien trouver de curieux. Bruxelles est aujourd'hui la Capitale du Brabant ; plusieurs croyent qu'un Pepin dit Héristel duquel est sortie la troisiéme Race des Rois de France, fut Seigneur du Brabant ; & que Charlemagne, & ses enfans furent maîtres de ce Païs, jusqu'au tems que cette Province devint le partage de Gerberge seconde fille de Charles de France Duc de la Basse Lorraine; laquelle fut mariée à Lambert II. de ce nom, Comte de Mons & de Louvain, lequel est la tige des
Ducs

Ducs de Brabant & de Lothier, qui ne prenoient au commencement que le titre de Comtes; leur postérité s'est éteinte pour enrichir d'une succession fort considérable la Maison de Bourgogne, dont l'héritiére qu'un Roi de France n'eut pas la politique de se ménager, épousa le Prince Maximilien d'Autriche, qui fut placé sur le trône imperial après la mort de Fréderic son Pere. Le Duché de Brabant est comme une Isle entourée de riviéres, ayant la Meuse à l'Orient & au Septention; le Demmer au Midi qui traverse une partie de cette Province; & l'Escaut au Couchant, avec l'Ocean du côté de Breda, & de Berg-op-Zom : elle a une partie du Païs de Gueldre, & de l'Evêché de Liege au Levant, la Flandre & une partie de la Zelande au Couchant; le Hainaut & le Comté de Namur au Midi, & la Hollande avec

avec une partie du Païs de Gueldre au Septentrion : ce Païs peut avoir vingt lieues de largeur, vingt & deux de longueur, & environ quatre vingts de circuit ; l'air y est bon, les plaines très fertiles & bien cultivées : outre les Riviéres il n'y manque ni de lacs ni d'étangs moins considérables à la vérité que ceux que j'ai trouvez en Suisse : presque toutes les Villes du Brabant sont belles, & on en compte vingt & six assez fortes, ou défendues par de bonnes murailles ; sans parler de celles qui sont moins importantes, & qu'on ne trouveroit point petites dans un autre Païs : on comprend dans ce Duché le Marquisat du Saint Empire, dans lequel est Anvers, la Seigneurie de Malines, le Duché de Limbourg, comme celui d'Arschot, le Marquisat de Bergues, le Comté d'Hoostraat, l'État de Mastricht démembré,

bré, comme je vous l'ai déja dit, de l'Evêché de Liege, & 19. Baronies. Louvain, Anvers, Malines, Tillemont, Lire, Arschot & Nivelle sont les meilleures Villes dont l'Empereur soit en possession dans le Brabant, où les Hollandois tiennent de leur côté Berg-op-Zom, Breda, Grave, Bois-le-Duc, Willemenstad, Mastricht, & Lillo: Louis XIV. prit cette derniére Ville en fort peu de tems; & la rendit par la paix de Nimégue, après que le Prince d'Orange eût inutilement tenté de la réduire au bout de cinquante jours de siége.

J'ai été sur l'Escaut de Bruxelles à Anvers, laquelle est *l'Antuerpia* des Auteurs Latins: je ne vous parlerai point de son origine parcequ'elle est aussi incertaine que fabuleuse; j'aime beaucoup mieux vous entretenir de sa situation, & de la beauté de ses édifices, que de vous ennuyer de tous
les

les contes que l'on débite à l'occasion de sa fondation. Anvers anciennement une des plus belles & des plus riches de l'Europe, est située dans une belle plaine à la droite de l'Escaut, & dans l'endroit où cette Riviére divise le Duché de Brabant du Comté de Flandres : elle se ressent encore aujourd'hui des liberalitez de ses Souverains, & entr'autres de celles de Jean I., de Jean III. & de Charles V. Cette Ville a plus de deux cens rues, vingt places publiques, & des édifices saints & profanes, dont la plûpart sont des plus magnifiques : tous les Connoisseurs admireront toûjours le somptueux ouvrage de l'Eglise de Nôtre Dame qui est la Cathédrale, dont le Vaisseau a plus de 450. pieds de longueur ; on compte dans cette Eglise plus de soixante Chapelles enrichies de Colonnes de marbre, toutes différentes,

rentes, & ornées comme la Nef de quantité de bonnes peintures; la Tour chargée de trente grosses cloches est des plus hautes, & répond par la beauté de son bâtiment à la magnificence de ses trois maîtresses portes bâties de marbre & fort dorées; on dit que le Chœur de cette Eglise fut bâti en 1124. & ocupé dans la même année par les Chanoines, lesquels avoient cédé à saint Norbert leur Eglise de Saint Michel, fondée par Godefroi de Bouillon, dans le tems que ce Prince se préparoit pour l'expédition de la Terre Sainte: la Maison de Ville d'Anvers, composée de quatre grands corps de logis, ne mérite pas moins d'être considérée, que les Galeries qui sont à l'entour de cette Place: mais de tous les édifices de cette Ville, je donnerois la préference à l'Eglise des Jesuites; elle est pavée de marbre, ses quatre voutes

tes sont couvertes de grands tableaux à bordures dorées, & les murs percez de quarante croisées revêtues de marbre ; la maîtresse voute, est d'une fine sculpture, chargée d'un dôme superbe, & le grand Autel, où le Jaspe & le Porphire ne sont pas épargnez, n'est pas moins riche que la Chapelle de la Sainte Vierge, dont le pavé, les côtez & la voute sont de marbre, avec six statues d'albâtre : les cinquante Chapelles qu'on y voit ; le portail, & la Maison des Révérends Peres peuvent donner de la jalousie aux plus beaux édifices d'Italie ; outre que les rares peintures qu'on y remarque de Rubens, attirent la curiosité de tous les connoisseurs : la Citadelle que le Duc d'Albe fit bâtir en 1567. une des plus fortes, & des plus régulieres, est en figure de pentagone avec cinq Bastions bien terrassez & contreminez, avec de bons

bons fossez dont la largeur & la profondeur n'en rendent pas l'aproche fort aisée; un fameux Architecte d'Urbin en donna le dessein & conduisit cet ouvrage: le beau Port d'Anvers est fort commode, & les Vaisseaux peuvent entrer dans la Ville par huit canaux principaux, dont le plus considérable peut bien recevoir cent Navires; on compte plus de soixante ponts sur ces canaux: toutes ces commoditez rendent une Ville fort marchande, & celle ci le seroit extrêmement, comme elle l'étoit autrefois; si Amsterdam ne se fût prudemment emparé de presque tout le Commerce: Anvers souffrit beaucoup dans le XVI. Siécle durant les guerres civiles de Religion; ses Eglises furent pillées par les Protestans en 1566 ; le Duc d'Albe aulieu d'y porter la paix, en augmenta la dissention par sa cruelle politique,

&

& les maux que les Espagnols y firent dix ans après l'arrivée de ce Duc, égalent tout ce qu'on fait exprimer de plus triste ; près de sept cens maisons y furent brûlées, plus de neuf mille hommes y périrent, la maison de Ville, comme d'autres Palais respectables, y furent réduits en cendres, & les richesses d'une Ville fort Marchande & aussi puissante furent livrées à l'avarice & à la fureur des Soldats, qui pillèrent pendant trois jours cette opulente Ville, dont le malheur arriva le 4 de Novembre ; les Confédérez la rétablirent ; & après un siége qui dura près d'un an, le Duc de Parme s'en rendit le Maître ; c'est dans ce tems que cet habile Général jetta un pont sur l'Escaut, & qu'il fit faire cette fameuse digue, & ces grandes machines moins surprenantes sans doute que la conduite de ce grand Capitaine, qui osa

osa faire le siége contre le sentiment de ses Généraux les plus expérimentez, n'ayant qu'une armée de douze mille hommes, que les Villes de Nimégue, de Bruxelles, & de Malines, qu'il joignit ensuite à ses conquêtes, tenoient comme assiégée.

D'Anvers j'ai été revoir Lire où j'avois autrefois séjourné; ses Manufactures la rendent un peu Marchande, & sa situation assez forte; depuis la fête de Saint Jean, jusques à celle de Saint Martin, il s'y tient une Foire pour le bétail un jour de chaque semaine: la Ville est petite, assez jolie, & bâtie sur la Riviére de Nethe à quatre ou cinq lieues de Malines.

Malines est située sur la Dile entre Louvain, Bruxelles, & Anvers; sa grandeur & sa propreté la font nommer Malines la belle, comme on dit, Anvers la riche, Bruxelles la noble, Louvain

vain la sage, Gand la grande, & Bruges l'ancienne: sa situation est des plus agréables, & la Riviére de Dile y passant au milieu, & s'étant enflée du flux & du reflux de la mer, en fait une Ville marchande: celle-ci à appartenu à la Maison de Bourgogne, jusques à ce qu'elle entrât dans celle d'Autriche: le Cardinal de Grandvelle en fut le premier Archevêque, dont le siége fut fondé par Paul IV. avec le titre de Primat des Gaules; il y a dans l'Eglise Métropolitaine douze Chanoines dont les bénéfices furent fondez en 1000. par un Evêque de Liége: Malines est aussi la résidence du grand Conseil établi par Charles Duc de Bourgogne, le lieu du Parlement, des Chevaliers de la toison d'or, & l'Arcenal du Prince; les habitans de cette Ville doivent être francs de tous les impôts, en considération

ration des bons services qu'ils rendirent à Charles le Hardi Comte de Flandre, lorsqu'il assiégeoit une Ville sur le Rhin. On fait d'assez belles dentelles à Tillemon; on y trouve d'assez belles toiles, & beaucoup d'ennuy dans les assemblées. Nivelle n'est considérable que par son illustre Chapitre de Chanoinesses que j'ai vû autrefois composé bien différemment de ce qu'il est aujourd'hui : de Nivelle repassant par Bruxelles, je suis descendu à Gand, Capitale du Comté de Flandre avec Evêché suffragant de Malines ; elle est coupée par des Riviéres & des Canaux, & le grand Escaut, le Lis, le haut Escaut, & un très grand nombre de Canaux partagent la Ville & les environs en plusieurs Isles : les habitans de cette Ville dont l'enceinte est extraordinairement vaste, ont autrefois donné de l'occupation à leurs voisins, & même à

Q leurs

leurs Souverains, sous les regnes de Philipe de Valois, & de Charles six, l'esprit des Gandois ayant été porté pendant bien du tems à la révolte : comme César parle d'eux sous le nom de *Gorduni*, ils s'imaginent de lui devoir la fondation de leur Ville, dans laquelle Cornelius Jansenius qui en fut le premier Prélat, tint un Sinode l'an 1570. On y trouve bien des Eglises, un très grand nombre de Monastéres, d'Hôpitaux, de lieux de piété, & de maisons de Beguines, qui ne sont pas toûjours des Vestales ; cette Ville a le Conseil Provincial de Flandre institué par Jean Duc de Bourgogne ; on montre dans un bâtiment nommé la Cour du Prince, le berceau de l'Empereur Charles V, lequel prit naissance dans cette Ville qui ne s'est pas trop ressenti de cet honneur-là ; il est vrai que les Bourgeois se trouvant trop chargez

des

des fréquentes impositions dont on les accabloit se révoltérent contre ce Prince, pour se mettre sous la protection du Roi François premier, qui bien loin de profiter de cette favorable occasion, en avertit un peu trop généreusement son rival, & le laissa passer pour comble de générosité tout au travers de son Royaume, pour aller châtier ces révoltez dont les principaux Bourgeois au nombre de vingt & cinq furent exécutez publiquement ; un plus grand nombre fut proscrit, & ce Prince fit confisquer les biens des plus coupables, leur ôta leur artillerie, leurs armes, tous leurs priviléges, les condamna à plus de douze cens mille écus d'amende, & afin que ses Successeurs en fussent toûjours les Maîtres, il y fit bâtir une Citadelle, & ne fit qu'une vaste solitude d'une des plus grandes Villes du Monde : elle est bridée encore aujourd'hui par cette même Citadelle, & les fortifications de la Ville consistent en de grands dehors, une contrescarpe, de larges fossez, de bons remparts: sa situation & ses richesses la rendent assez considérable; mais elle est trop étendue pour être une bonne place de guerre, hormis que l'on en augmentât les ouvrages, & qu'on y pût jetter une Armée de quarante mille hommes pour en soûtenir le siége.

Bruges ou Brugen, dans le Comté de Flandre est située dans une grande plaine à trois lieues de la mer, sur le Canal dit Reye, lequel s'étant divisé en plusieurs ruisseaux navigables, coule en divers endroits de cette Ville, avant que de se rassembler dans le même Canal qui va à l'Ecluse: mais comme cette derniére Ville appartient aux Hollandois, ceux de Bruges depuis plusieurs années ont
pra-

pratiqué un nouveau Canal qui va jufques à Oftende, qui n'en eft qu'à trois lieues, & la Marée remontant jufques à demi chemin de cette curieufe Riviére, porte dans Bruges des Vaiffeaux de quatre cens tonneaux; c'eft par ce moyen que le Commerce s'y foûtient; mais il eft confidérablement diminué, depuis qu'une partie des bons Marchands, fe font avifez de s'aller établir à Anvers; leur retraite n'empêche pourtant pas que Bruges ne foit toûjours une des plus grandes & des meilleures de la Flandre; elle a d'affez bons foffez, des remparts, & des murailles qu'une nombreufe garnifon pourroit défendre avec honneur: les édifices faints & profanes y font fort beaux, & les rues larges, & bien percées, avec plufieurs grandes places, dont celle du marché, d'où commencent fix belles rues lefquelles aboutiffent en droite ligne

gne aux six principales portes de la Ville, est la plus belle : on compte dans Bruges plus de soixantes Eglises bien rentées, dont la Cathédrale doit être estimée la plus riche ; le Prévôt de ce chapitre étoit anciennement Président né de la Cour, ditte de Saint Donat, & Chancelier héréditaire de Flandre ; mais cette dignité a été unie à la Manse Episcopale, c'est l'Evêque qui jouit présentement de ces Priviléges ; le Palais de ce Prélat est à côté de la Cathédrale, vis à vis d'une grande place, où est la Maison de Ville, dont le bâtiment quoiqu'ancien montre des figures & d'autres piéces de Sculpture qui ne sont pas mal conservées : on voit sur une Tour fort élevée une Horloge, dont on écoute volontiers le carillon ; je n'ai pas été moins satisfait d'un ancien bâtiment soûtenu par des pilliers, sous lequel l'eau passe, & fait passer

ser en même tems les bateaux qu'elle porte : on fait dans Bruges un assez grand trafic de Soye, de Laine, Coton, & on y travaille assez bien en futaine, en tapisserie, toile & étoffes de Soye. De Bruges j'ai été voir Ipre, qui tire son nom d'un torrent qui coule au milieu : cette Ville passe pour être assez riche, & sept Châtellenies en dépendent, dont une seule appellée Cassel a 24 siéges qui lui sont subalternes ; son territoire est des plus fertiles, mais elle est située dans un endroit dont l'abord est très difficile, ce qui ne contribue point peu à la rendre aussi forte qu'elle l'est : l'Eglise Cathédrale est fort belle, il y a aussi plusieurs autres édifices, & de grandes places qui ne sont pourtant point aussi réguliéres que celles de la Seigneurie & de la Halle aux draps ; ses manufactures, la rendent assez marchande : je me suis

suis un peu promené sur les dépendances d'Ipre, où j'avois bien des amis, dont les facultez ne se ressentent que trop des malheurs du tems : cet heureux tems n'est plus, & les Païs-Bas ne sont point comme nous les avons laissez. Ostende est dans le même cas que les autres Villes & sans avoir été d'une grande ressource pour les plaisirs, elle est fort au dessous de ce que nous l'avons vue ; c'est le port le plus considérable que l'Empereur posséde en Flandre ; sa situation rend la Ville extrêmement forte, elle est environnée de deux Canaux fort profonds, dans lesquels les plus gros Vaisseaux entrent par le flux & le reflux de la mer; il y a huit boulevarts, un large fossé, divers bastions, & de bons dehors, bien réparez depuis le siége que les Hollandois soûtinrent contre les forces d'Albert Archiduc d'Autriche, qui ne s'en rendit

dit le Maître qu'après un siége de trois ans & trois mois. Nieuport dont le Port est assez marchant, est aussi triste que je l'ai toûjours connue ; plusieurs siéges qu'elle a souvent soûtenus, la rendent plus célèbre que la beauté de sa situation & de ses édifices. L'air de Furnes est toûjours fort mauvais ; la Ville est petite, mais elle n'est point dèsagréable, ni mal bâtie ; on y fait diverses manufactures de Draps, & les Canaux y entretiennent le Commerce : c'est entre cette Ville & celle de Dunkerque que Mr. le Vicomte de Turenne battit en 1658. l'Armée des Espagnols. Bergh-St. Vinoc qui n'étoit autrefois qu'une Abbaye fondée par un Breton Disciple de Saint Bertin, est une Ville présentement assez peuplée, mais fort décriée par son air, & le peu de Compagnie qu'on y trouve. Dixmude n'a rien de bon que son Beure, & de célébre que la Foire qui s'y tient tous-les ans au mois de Juillet: cette petite Ville est située sur l'Iperlée, à trois lieues d'Oudembourg qui n'est pas grand chose: on y mange de bonne volaille; & on y voit comme dans tout ce Païs de fort bonnes gens.

La Flandre est une belle & bonne Province, & le premier Comté des Païs-Bas, ayant pour bornes au Midi l'Artois, le Hainaut, avec le Brabant, & une partie de la Picardie; elle a encore au Levant le Hainaut, avec le Brabant; au Nord l'Ocean Germanique avec l'embouchure de l'Escaut que l'on appelle le Hont qui sépare la Flandre de la Zélande; & au Couchant elle a la Mer Angloise, & en partie la Riviére d'Aa avec le côté de l'Artois qui regarde les Villes de Bologne & de Calais: le Païs est extrêmement gras, fertile, abondant en
patu-

paturages, & fort propre au labourage; les principales Villes sont entourées de murailles, & la plûpart fortifiées; mais il y en a un fort grand nombre qui ne le sont pas, sans en être moins riches & moins peuplées: on y compte outre ces Villes plus de onze cens Villages, quarante six Abbayes, quantité de Prieurez, Monastéres, & Colléges; toutes ces Villes & ces Bourgs sont si près les uns des autres, que la Flandre ne paroissoit autrefois qu'une même Ville; mais les Guerres ont un peu éclairci ce Païs, sur lequel on trouve les Vicomtez de Gand, d'Ipres, de Furnes, Bergh St. Vinoc, & Haerlebek, trois Principautez, quatre Ports de Mer, & trente-une Châtellenies: quelques uns veulent que la Flandre tire son nom d'un Flandebert neveu de Clodion que l'on dit avoir été Roi de France; d'autres prétendent que le nom vient de Flandrine femme d'un Lideric II. Prince de Buc, lequel gouverna la Flandre fous l'autorité de Charlemagne & de Louis le Débonnaire fon fils; on ajoûte que ce Lideric étoit le fecond Seigneur qui fut pourvu de la charge de Grand-Foreftier du Païs. On croit que les Flamans furent convertis par Saint Eloy Evêque de Noyon, & par Saint Amand; au moins il eft certain que ces deux Apôtres prêchérent ces Peuples, & en batiférent ceux qui n'avoient point reçu le Batême. C'eft en 878. que la Flandre fut érigée en Comté par Charles le Chauve, en faveur de Baudouin furnommé Bras-de-fer; ce Prince & fes fucceffeurs ont eu fous leur autorité un Connétable, deux Maréchaux, un Grand Veneur, un Chancelier, un Chambellan, quatre Receveurs, & deux Secretaires d'Etat. Marie de Bourgogne unit encore ce beau Païs aux

au-

autres Souverainetez de l'Auguste Maison dans laquelle entra cette Princesse. Il ne manque à la Flandre que du Vin pour se pouvoir passer de tous ses voisins; il n'est point de terre en Europe qui rapporte plus que celle de ce Païs qui est très abondant, & fort peuplé: les Habitans y sont sobres, patiens, & humains: on ne trouve point de meilleure Nation que la leur ni de Noblesse qui ait été plus illustre, & dont les sources ayent paru plus pures; cependant tout passe insensiblement, les Comtes d'Egmont sont éteints, & la Maison de Lalain ne subsiste plus, & plusieurs autres qui ne le cédoient en ancienneté à pas une de l'Europe: les Chapitres de Nivelle & de Mons ne sont plus à beaucoup près ce que nous les avons vûs au commencement de la derniére guerre; & des Maisons qui n'étoient point connues il y a cent ans s'allient,

lient, & se faufilent d'une telle façon avec les anciennes, qu'elles en enlévent une partie du lustre.

J'ai passé dans le Hainaut, dont Mons est la Capitale: cette Ville est située sur les bords de la petite Riviére de Trulle; elle est grande, & fortifiée de bons remparts, de grands fossez, & de beaux dehors; on y trouve un ancien Château, & plusieurs édifices dont le principal est le Palais où se tient le Conseil de la Province. Cette Ville est encore célébre par le Chapitre des Chanoinesses: on parle diversement de sa fondation, mais personne n'ignore son ancienneté, & qu'elle a été de tout tems parfaitement bien composée: cette Ville est assez marchande, fort peuplée, & on y peut voir bonne Compagnie pour peu de séjour qu'on y veuille faire. La petite Ville de Saint Guillain n'est bonne ni en tems de paix, ni en tems de de guerre: & Maubeuge vaudroit tout aussi peu, sans la Maison d'un Intendant, & l'Abbaye composée de Filles de qualité, comme pourroit l'être le Chapitre de Mons: on a dépensé de grandes sommes pour fortifier Maubeuge, sans en avoir fait une fort bonne Place. Ath sur la Riviére de Dender n'est pas grande, mais agréable, assez bien fortifiée, joliment située, & habitée par des gens qui ne sont pas mal à leur aise. On respire un très bon air à Binche ; c'est une petite Ville bâtie sur un bras de la Haine, dans un Païs fertile, & abondant en toutes sortes de chasses: Marie Reine de Hongrie, sœur de l'Empereur Charles V. y fit bâtir une très belle Maison qui fut ruinée après la prise de Mariembourg & de Dinant; elle fut ensuite rétablie, mais on ne la connoît plus aujourd'hui que sous le nom de Marimont: je n'ai été

été ni à Condé ni à Valenciennes; ces Villes sont si connues, & vous en entendez parler si souvent à des Officiers qui y vont, ou qui en reviennent, que je crois ne devoir pas vous confirmer ce que vous en savez; aussi me suis-je borné à ne visiter dans le Hainaut que les Villes qui ne sont plus sous la domination de la France.

Le Hainant est une Province des Païs-Bas, laquelle a le Brabant & la Flandre au Septentrion; la Champagne & la Picardie au Midi; une partie du Brabant & du Comté de Namur au Levant; & au Couchant l'Escaut qui la sépare de l'Artois, & d'une partie de la Flandre Gallicane. Ce Comté peut avoir vingt lieues de longueur, & seize de large: l'Histoire du Païs nous apprend qu'il fut possédé par les Tournesiens, & qu'il a souvent changé de nom :
les

les Auteurs qui donnent volontiers dans les Fables, croyent que le Hainaut fut appellé *Pannonia*, à cause que le Dieu Pan y étoit adoré des habitans, mais je crois que le nom de *Hannonia* est le plus connu, par rapport à la Riviére du Haine, qui passe au milieu: l'air y est fort temperé; la terre est très fertile, & arrosée de quantité de belles Riviéres: il y a aussi plusieurs petits Lacs, divers Etangs, grand nombre de Bois, avec des Mines de fer, de plomb, & des Carriéres de marbre: on y trouve encore de cette même espéce de terre nommée Houle qui sert à faire du feu: j'y compte vingt quatre Villes murées, dont Mons & Valenciennes sont les plus considérables; près de neuf cens Villages & plusieurs Abbayes, ou Monastéres. Quelques Généalogistes ont fait descendre Regnier premier Comte de Hainaut d'Ergiginoald Maire du Palais des Rois de France; la succession des descendans de Regnier passa dans la Maison de Baudouin Comte de Flandre; de ses successeurs dans celle de Baviére, & ensuite dans la Maison de Bourgogne dont elle a suivi le sort.

J'ai été visiter la Châtellenie de Courtrai, dont le territoire est des plus fertiles: on y trouve plusieurs Châteaux habitez ou appartenans à des Gentilshommes très qualifiez. Courtrai est située sur la Lis, entre les Villes de Lille, de Tournai, d'Ipre, & d'Oudenarde: les Habitans de celle dont je vous parle, s'aviserent d'y célébrer toutes les années une Fête en mémoire d'une célébre bataille que les François y perdirent en 1302; ce magnifique anniverfaire fut cause que leur Ville fut pillée & brulée quatre vingts ans après cet événement; elle fut rebâtie

bâtie dans la suite du tems, & depuis elle s'est rendue assez marchande par ses Manufactures de Draps, & de toiles: on peut vivre délicieusement à Courtrai ; & tant que cette Ville subsistera dans l'état où elle est aujourd'hui, on la regardera comme une des meilleures que l'on puisse habiter ; on veut qu'elle ait été connue de Jules César.

Oudenarde bien moins ancienne que cette derniére, est située sur l'Escaut entre Gand & Tournai ; elle est bien fortifiée, & assez marchande ; quand ce ne seroit qu'à cause des belles Tapisseries qu'on y fait. La fondation de cette Ville n'est pas plus claire que celle de bien d'autres.

La Ville de Tournai Capitale d'un petit Païs dit le Tournaisis, est très ancienne, & fort considérable : il en est fait mention dans l'Itinéraire d'Antonin, & dans une

une Epître de Saint Jerôme; c'étoit le séjour des premiers Rois de France, si l'on s'en rapporte au témoignage de Saint Ouen; & comme un Saint n'en impose point, je crois que vous devez Chrétiennement le croire: on trouva dans le siécle passé dans le Fauxbourg de cette Ville, le Tombeau de Childeric Pere de Clovis le premier Roi des François qui s'est établi dans les Gaules. L'Escaut divise Tournai en deux Villes qui sont jointes par un Pont; la vieille est à la gauche de la Riviére du côté de la Flandre, & la neuve à la droite: celle ci est dans le Hainaut, avec sept Villages qui en dépendent, lesquels depuis plusieurs siécles appartiennent au Tournaisis: on compte sur son territoire cinquante Bourgs ou Villages dont la justice ressortit au Conseil Provincial de Flandre, d'où l'on peut appeller au Parlement de Malines:
ceux

ceux qui voyent la Citadelle de Tournai s'étonneroient qu'un auſſi brave homme qu'étoit le Marquis de Surville ne l'eût pas défendue long tems, ſi tout le monde ne ſavoit point que cette Ville étoit abſolument dépourvue d'hommes & de vivres, quand les Alliez en firent le dernier ſiége. Mortagne qui eſt au confluent de l'Eſcaut & de la Scarpe eſt une très ancienne Seigneurie, dont les Seigneurs étoient autrefois Châtelains de Tournai : la petite Ville de Mortagne, n'eſt forte, ni belle, ni bien peuplée : & celle de Saint Amand dont la riche Abbaye fut fondée ſous le regne de Dagobert vers l'an 630. m'a parue auſſi triſte. Je vais paſſer deux mois dans la Châtellenie de Lille, chez un de mes amis ; où vous m'apprendrez par vos Lettres, ſi les miennes ne vous ont point ennuyé, & pour peu que mon commerce vous

ſoit

soit de quelque utilité, ou pour vous instruire, ou pour vous amuser, je continuerai de vous écrire avec beaucoup de plaisir & d'empressement.

A Saint Amand ce 20. Août 1723.

FIN.

TABLE DES MATIERES.

A.

AArow. Ville. Sa situation. D'où elle tire son nom. Qualité de son terroir. Sa fondation. Ses priviléges. 237. & 238.

Abel. Fils d'Adam. Le lieu où il fut tué. Sa sépulture. Dissertation curieuse sur une Nation qui s'en dit descendue. 174.

Abraham. Sa premiére demeure au sortir de la Mésopotamie. 138.

Abrahamites. Ce que c'est. Leurs Mœurs. Leur Théologie. Conversation curieuse de l'Auteur avec un d'eux sur la Religion. 106. & suiv.

Acre. Son nom ancien. Ne peut être prise par les Israélites. D'où lui vient le nom de Ptolémaïs. Son histoire. Ses différentes révolutions. Sa ruine. Son commerce. Sa situation Son état présent. Débris de monumens anciens. 132. & 133.

Albe (Duc d') Ses cruautez. 357.

Alep. Ville de Syrie considérable. Ce qu'elle étoit anciennement. Sa situation. 118. Son circuit. Nombre de ses Habitans. De ses Mosquées. Ses richesses. Son commerce. 118. & suiv. Sectes différentes des Chrétiens qui y demeurent. 121.

Alexandre. Fondateur d'Alexandrie. 67. Particularité sur sa naissance. 90.

Ale-

Alexandrette. Ville comment nommée par les Turcs. Sa situation. Son mauvais air. Son port. Tour ancienne. 121. & suiv.

Alexandrie. Capitale de l'Egypte. Sa fondation. Devient célébre. Restes de sa magnificence. Sa situation. Caractére de ses Habitans. 67. Son port. Ses monumens. Colonne de Pompée. Remarques à ce sujet. 68. Chaire de St. Marc. 69. Aiguilles de Cléopatre. Son palais. Tombeau d'Alexandre. 70. 71. & 72. Description d'Alexandrie. Fait curieux. 72. & 73. Sale où s'assembloient les Septante. 83.

Alexandrie de la Paille. Ville du Piémont. Sa situation. Son état présent. Caractére de ses Habitans. 199.

Alsace. Province. Sa fertilité. Son attachement pour la France. Sa situation. Ce qu'elle étoit anciennement. Ses Révolutions. A qui elle appartient. Ses Montagnes. Ses forêts. Ses Abbayes & leurs fondations. Ses Mines. 296. & suiv.

Altdorff. Capitale du Canton d'Uri. Sa situation. Ses bâtimens. Ruines d'une forteresse ancienne. Manufacture. 246.

Andernac. Ville. Sa situation. 311.

Andros. Bourg. Sa description. 181.

Anvers. Capitale du Marquisat de ce nom. Son nom Latin. Son ancienneté. Sa situation. Sa grandeur. Sa Cathédrale quand fondée. Son Hôtel de Ville. Magni-

DES MATIERES.

Magnificence de ses édifices. Sa Citadelle. Siéges fameux qu'elle a soûtenus. Son commerce. Ses malheurs. 353. & suiv.
Aqueduc merveilleux. 123.
Arabes. Sont dangereux. 135. & 136.
Argentiére. Isle de l'Archipel. Ce que c'est aujourd'hui. Son commerce. Tempérament des femmes. 37.
Arnheim. Ville dont parle Tacite. Ses malheurs. 328.
Ath. Ville. Sa situation. 375
Athénes. Ses ruines. Commerce de ses Habitans. Monumens anciens. Maison de Denis l'Aréopagite. 52. Lanterne de Démosthéne. 53.
Avanche. Territoire dans la Suisse. 231. & 232.
Avanche. Capitale du Territoire de ce nom. Célébrée par Tacite. Ce qu'elle étoit autrefois. Sa situation. Son origine. 232.
Aubonne. Baronie. Sa situation. Appartenoit au célébre Tavernier. 211.
Augusta Rauracorum. Sa fondation. Son état présent. 259.

B.

BAde. Capitale d'un Comté de ce nom. Ses anciens Souverains. Est le lieu de l'Assemblée des Cantons. Ses Bains renommez. Qualité de leurs eaux. Gouvernement de Bade. 238. & 239

R   Baden.

Baden. Comté dépendant des Suisses. Ses richesses. Mœurs de ses Habitans. 277.

Bains de Bade 238. Autres fort renommez. 243.

Balbec. Ville. Son nom ancien. Sa situation. Débris d'un Temple ancien. Antiquitez qui s'y trouvent. 173.

Basle. Capitale du Canton de ce nom. Son ancienneté. Sa puissance. son commerce. Sa situation. Ses édifices. Tombeaux remarquables. Son Arcenal. Son Université par qui fondée: est célébre. Sa Bibliotéque. Lieu du Concile. Manuscrits curieux. Gouvernement de Basle. Caractére des Habitans. Fertilité du Païs. Chapitre de Basle. 253. & suiv.

Befort. Ville d'Alsace. Sa situation. Son importance. 291.

Berg-St. Vinoc. Ce que c'étoit autrefois. Son état présent. 369

Berne. Canton de Suisse. Sa puissance. Son gouvernement. Maisons de qualité. Caractére des Peuples de ce Canton. 229. & 230.

Berne. Capitale du Canton de ce nom. Son Fondateur. Sa situation. Ses richesses. Ses bâtimens. 229.

Bétanie. Village. Son état présent. 148.

Betléem. Monumens qui s'y trouvent. 154. & 155.

Bex vieux. Sources minérales que l'on y trouve. Ses Salines. 221. & 222.

Beziers. Ville du Languedoc. Beauté de son séjour. Sa situation. Fertilité de son

DES MATIERES.

son terroir. 7. Renommée par ses Vins. Ses différens noms dans les Auteurs. Considérable chez les Romains. Restes de monumens anciens. Palais de ses premiers Comtes. Commencement de cette Souveraineté. 8.

Bienne. Ville. Sa situation. 237.

Binche. Ville. Sa situation. Fertilité de son terroir. 375

Blonai. (Maison de) son origine. 219. & 220.

Bœlus. Riviére remarquable. Son Sable sert à faire du Verre. 133.

Bologne. Sa grandeur. Sa situation. Ses bâtimens Son territoire. Mœurs de ses Habitans. Maisons de condition. 25. & 26.

Bonne. Ville sur le Rhin. Sa situation. Ses dehors. Son ancienneté. Célébre du tems des Romains. Ses révolutions. à qui elle appartient. Son fondateur. Son nom ancien. Ses bâtimens. Son Horloge. Fondation de sa principale Eglise. 311. & suiv.

Bourdeaux. Capitale de la Guyenne: Renommée par son grand commerce. Célébre du tems des Romains. Ses Monumens anciens. Son port. Ses bâtimens. 4. Caractére de ses Habitans. Sa Citadelle. 5.

Brabant. Duché. Sa situation. Son étendue. Ses Villes principales. à qui il appartient. 351 & suiv.

Brisac nouveau. Ville d'Alsace. Ses révolu-

lutions. Ses fortifications. Sa defcription. Ses Habitans. 288 & 289
Brifac vieux. Sa fituation. Ses fortifications. Son importance. Ses révolutions. 289. & 290.
Bruges. Ville de Flandres. Sa fituation. Son Canal. Son commerce & fes révolutions. Ses fortifications. Ses Edifices. Sa Cathédrale & fes richeffes. Titres de fon Prevôt. Bâtiment remarquable. Ses Manufactures. 364 & fuiv.
Bruxelles. Capitale du Brabant. Sa fituation. Sa defcription. Magnificence de fes bâtimens. Ses anciens Seigneurs. Ses révolutions. 348. & fuiv.
Buckingham (le Duc de) ne peut jetter du fecours dans la Rochelle. 2.
Bulle d'or. Ce que c'eft. Ce qu'elle contient. 307.
Bufiris. Ville. Ses ruines. Débris d'un Temple d'Ifis. Hiftoire de cette Reine & d'Ofiris. 77. & 78.

C.

Cagliari. Capitale du Royaume de Sardaigne. Sa fituation. Qualité de l'air du Païs. Caractére de fes Habitans. Monument de l'antiquité. 194 & 195.
Cailloux merveilleux. 151. & 152.
Caire. (le) Ville. Sa defcription. 91. Ce qu'elle étoit autrefois. Sa grandeur. Nombre de fes Habitans. Magnificence

ce de ſes bâtimens. Son commerce. Reſtes de l'antiquité. 92 Tradition touchant le Palais de Joſeph. Puits de ce Patriarche. 93. Commerce du Caire. 98 abondance du Païs. 102 & 103.

Canal de Druſus. 338 & 339.

Canal du Languedoc. Sa beauté. 7.

Candie. Iſle. Son nom ancien. Fertilité de ſon terroir. Excellence de ſes Vins. Sa ſituation. Sa Capitale décrite. Monument antique. 36.

Carbon. Fleuve de la Morée. Son nom ancien. Son cours. Fictions des Poëtes à ſon ſujet. 186.

Carmel. Montagne dans la Paleſtine. Sa ſituation. Sa beauté. Qualité de l'air qu'on y reſpire, & des fruits qui y croiſſent. Couvent des Carmes. Grotte d'Elie, dont les Turcs ne permettent point l'entrée. Pluſieurs autres Grottes des Prophétes. Villes bâties autrefois ſur cette Montagne & connues des Anciens. 130 131 & 132.

Caron. Nocher des Enfers. Sa véritable Hiſtoire. 98.

Caſimier. Riviére dangereuſe. Erreur des Géographes ſur ſon nom ancien. 126 & 127.

Cete. (Le Bourg de) en Languedoc. Son nouveau port conſidérable. Ses Manufactures. 9.

Chamberi. Capitale de la Savoye. Caractére de ſes Habitans. Sa ſituation. Maiſons de qualité. 205 & 206.

R 3 Cha-

Chamilli (Le Comte de) Commandant dans le Poitou & autres Provinces. 1 & 2.

Charquié (Lac de la) ce que c'étoit anciennement. 80 Sa description. 81 & 82.

Chillon. Château. Sa fondation. 220.

Chio. Capitale de l'Isle. Sa situation. Ses dehors. 44 Son commerce. Mœurs de ses Habitans. Son étendue. Est conquise par les Turcs. 49.

Chipre. Isle. l'Air y est mauvais. Sa fertilité. Consacrée à Venus : & pourquoi. Son circuit. Ses Royaumes anciens. Passe sous la domination du Turc. 175 176 & 177.

Citernes de Salomon. A quel sujet elles ont été bâties. Sentiment des Savans modernes à ce sujet. 128 & 129.

Cléves. Duché. Sa situation. Son étendue. Ses anciens Seigneurs. Ses révolutions. A qui il appartient. 324 & suiv.

Cléves. Capitale du Duché de ce nom. Son nom Latin. Sa situation. Quels sont ses fondateurs. 323 & 324.

Coblents. Ville. Sa situation. Son nom Latin. Est renommée dans les Auteurs anciens. Ses bâtimens. Assemblée fameuse qui s'y est tenue. 309. 310 & 311.

Coire. Ville des Grisons. Son ancienneté. 277.

Colmar. Capitale de la haute Alsace. Son ancienneté. A qui elle appartient. Sa situa-

DES MATIERES. 391

situation. Ses Habitans. 287 & 288.

Cologne. Ville Impériale. Comment nommée par les Latins. Son Université. Titres de l'Electeur. Son ancienneté. Son origine. Suite de son Histoire. Beauté de ses édifices. Sa Cathédrale. Tombeaux remarquables. Son chapitre. 314 & suiv,

Copet. Baronie du Païs de Vaux. Sa situation. 210.

Corfou. Isle. Sa situation. Sa capitale. 30. Assiegée par Soliman. Et une seconde fois par les Turcs. Particularitez de ce second siége qui est levé. Etendue de Corfou. Religion de ses Habitans. 31 Leurs Evêques. Simonie qui s'exerce parmi eux. Caractére des gens du Païs. 32 Fertilité du territoire. Appartient aux Venitiens. Leurs Troupes de Terre & de Mer. 33.

Coron. Ville. Sa description. 183.

Corse. Isle. Son origine. Mœurs de ses Habitans. 195.

Courtrai. Châtellenie. Fertilité de son terroir. 378

Courtrai. Ville. Sa situation. Fête solemnelle est cause de sa destruction. Son rétablissement. Son commerce. Ses Manufactures. Son ancienneté. 378 & 379

Culli. Ville. Ses armoiries remarquables. 218.

R 4 Da-

D.

Damas. Capitale de la Syrie. Sa description. Son origine. Sa situation. Renommée dans l'écriture. Ses Manufactures. Son Commerce. Religions qui s'y trouvent. Son histoire. Ses Monumens. Tête de St. Jean Batiste. 170 & suiv.

Damiette. Connue des anciens. Sa situation. Mœurs de ses Habitans. 74 Leur ignorance. Leurs Pasteurs. Brûlée & détruite par les Barbares. Rétablie. 75 & 76.

Délos. Isle. Ce qu'elle étoit autrefois. Est à présent déserte. Fut la Patrie d'Apollon & de Diane. 41.

Delta. Haut & Bas ce que c'est. 76.

Desert où J. C. fut tenté. Sa description. 149.

Despotes. Ce que ce mot signifie. 187 & 188.

Dixmude. Sa situation. 369 & 370.

Druses. Nation. Leur origine. Leur gouvernement. 170.

Dusseldorp. Capitale du Duché de Mons. Sa situation. A qui elle appartient. Ses bâtimens. Caractére de ses Habitans. 321 & 322.

E.

Ecrevisses extraordinaires. 242.

Egée. Sa sépulture. 179.

Egypte. Son commerce. Particularitez à ce sujet. 84 & suiv. Sa fertilité. 102 Ses anciens Peuples. Renommez par les Sciences. Leur maniére de compter le

années. Leurs Lettres. Leur Théologie. ibid. & suiv.
Emir. Ce que c'eſt. Particularitez à ce ſujet 99.
Empereurs. Leur élection. Où elle ſe fait. 307 A qui appartient le droit de les ſacrer. 318.
Ephéſe. Ce que c'eſt aujourd'hui. 51.
Eraſme. Son Tombeau. 255.
Eurotas. Fleuve de la Morée Conſacré à Apollon : & pourquoi. 187.

F.

FArnsberg. Château. célébre par une fameuſe bataille. Son état préſent. 259.
Ferment. Ce que c'eſt. On ne peut voyager ſans cela dans l'Empire Ottoman. 135.
Feu céleſte. Superſtition des Grecs à ce ſujet. Hiſtoire remarquable. 146.
Figuier d'Adam Arbre particulier. Son fruit, ſes feuilles. 125.
Flandre. Province & premier Comté des Païs-Bas. Ses bornes. Sa fertilité. Dénombrement de cette Province. Origine de ſon nom. Son érection en Comté. Ses anciens Seigneurs & leur puiſſance. Caractére de ſes Habitans. Ses familles Nobles. 370 & ſuiv.
Florence. Capitale de la Toſcane. 21 Sa ſituation. Magnificence de ſes bâtimens. Mauſolées des Grands-Ducs. Galeries

de leur Palais célébres par des Monumens antiques & par leurs richesses 22 & 23. Caractére des Florentins. 24.
Fontaine d'Elisée. 150.
Fort-Louis-du Rhin. Sa situation. Ses Habitans. Ses fortifications. 295.
Francfort. Ville Impériale. Sa situation. Son commerce considérable. Ses Foires. Ses bâtimens. Richesses de ses Habitans. Célébre par un Concile fameux. Son origine. Ses révolutions. 307 308 & 309.
Fribourg. Capitale du Brisgaw. Sa situation. Son importance. Sa Citadelle. Ses Habitans. Ses bâtimens. Son Université. 292.
Fribourg. Capitale d'un Canton de ce nom dans la Suisse. Sa situation. Ses bâtimens. Ses richesses. Sa fondation. Ses révolutions. Qualité de son terroir. Caractére de ses Habitans. 230 & 231.
Furnes. Ville. Ses Manufactures. Son commerce. 369

G.

Gand. Capitale du Comté de Flandre. Son Evêché. Sa situation. Son enceinte. Quelle étoit anciennement sa puissance. Caractére de ses habitans. Ce qu'en dit César. Sa fondation. Ses édifices. Son Conseil. Célébre par la naissance de Charles quint. Sa

DES MATIERES.

Sa révolte. Sa punition. Sa Citadelle pourquoi bâtie. Ses richesses. 361 & suiv.

Gênes. Mœurs de ses Habitans. Distinction parmi les Nobles. 11 Magnificence de cette Ville. Son commerce. Son Gouvernement. 12 Coûtume remarquable établie parmi les Dames. 13.

Genéve. Son ancienneté. Sa situation. Ses bâtimens. Son commerce. Son Gouvernement. Maisons Nobles & Patriciennes. 206 & suiv. Alliée des Suisses. 280.

Gerseau. Ville. Sa situation. 245.

Gestinen. Bourg. Sa beauté. Sa situation. 249. & 260.

Gingin. (Seigneurs de) Leur origine. 219. & 220.

Goldbac. Ruisseau, Fable au sujet de son sable d'or réfutée. 244.

Grand-Seigneur. Ses revenus. Est mal servi: état de ses finances & de ses Troupes. 286.

Gréce. Son Histoire ancienne. 59 Véritez répandues dans la Fable. 60 Faits curieux éclaircis. 61 & 62 Ignorance des Grecs d'aujourd'hui. Les premiers fondateurs des Sciences dans ces Païs. 63 Leur Puissance formidable autrefois. 64 Leur caractére. Leur Religion. Leurs Evêques. Les Millionaires qu'on y envoye. 65 & 66.

Grisons Peuple. Ce qu'ils étoient anciennement. Situation de leur Païs. Sa division. Leur ligue avec les Suisses.

R 6. Leur

Leur caractére. Leur Religion 276 &
277.
Gueldre. Duché. Une des Provinces des Païs-Bas. Sa situation. Qualité du terroir. A qui il appartient. Ses Seigneurs particuliers. Ses révolutions. Son érection en Duché. 329 & 330.
Gyzipe. Bourg. Son commerce. 97

H.

Habsbourg. Château. Sa fondation. renommé par la Maison d'Autriche Son état présent. 267
Hainaut. Province des Païs-Bas. Ses limites. Son étendue. Ses révolutions. Son nom ancien & son origine. Sa fertilité. Son dénombrement. Origine de ses premiers Comtes. A qui elle appartient. 376 & suiv.
Héléne. Sa fin tragique. Son Tombeau. 58
Hermitage fameux. 231
Homére. Sa vigne. Son école. 48 Ses cendres. 178
Huninguen. Fort. Sa situation. 266
Hydre à sept Têtes tuée par Hercule. Ce que c'étoit. 185

I.

Jérémie Prophéte. Sa demeure. 147
Jérico. Son état présent. 150
Jérusalem. Son état présent. 143 Ce qu'il en coûte pour y demeurer. 144

Ses

Ses Eglises. Lieu du suplice de J. C. 144 & 145. S. Sepulcre. Communions différentes de Chrétiens. 146 Tombeaux des Rois de Juda. Dissertation à ce sujet. 147 Ceux des autres Rois du tems des Croisades. 148 Autres Monumens célébres. 156 Temple de Salomon. 158 Description des choses remarquables. 156 jusqu'à 164.

Jeunia. (Plaine de) Sa beauté. 123
Joseph. Sa sépulture. 138
Ipres. Ville. Origine de son nom. Ses richesses. Ses dépendances. Fertilité de son térritoire. Sa situation. Ses édifices. Ses Manufactures. Son commerce. 367
Itaque. Isle misérable. 34 Son nom moderne. Est à présent déserte. 35
Juifs du Levant. Leurs mœurs. Leur Religion. Leurs objections contre la Loi des Chrétiens. 115 & suiv.
Juliers. Duché. Sa situation. Le tems de son érection en Duché. Ses Seigneurs particuliers. 326 & 327
Juliers. Capitale du Duché de ce nom. Ses fortifications. Sa Citadelle. Sa situation. Son ancienneté. Son nom Latin. 326

K.

KAiserberg. Ville d'Alsace. Ce que ce nom signifie. Sa situation 237
Kam des Tartares dépouillé de ses Etats. Relégué à Chio. 44 Son Caractére. Sa famille. 45
Keri. Ville du Piémont. Est remplie de gens de condition. 199

Kunifelden. Ville. Son Eglife magnifique. Tombeaux fameux que l'on y trouve. 266

L.

Labyrinthe de Minos. 36 Autre merveilleux dans la Suiffe. 222 & 223
Lac de Genéve. 210 211 212 De Neuchâtel. 234 236 De Zuric 240 De Lucerne 241
Laimont. Ville. Sa Collégiale. Sa fituation 263
Landaw. Ville d'Alface. Sa fituation. Son importance. 292 & 293
Lanfchroon. Château. Sa fituation. Son importance. A qui il appartient. 264
Laufane. Ville confidérable du Païs de Vaux. Sa fituation. Son origine. Son ancienneté. Ses priviléges. Ses bâtimens. Tombeaux remarquables que l'on y trouve. Dépend du Canton de Berne. Auberge renommée. François Refugiez. 212 & fuiv. Cette Ville a toûjours confervé fa liberté. Hiftoire remarquable à ce fujet. 274 & 275
Lazare. Sa demeure. Sa premiére fépulture. 148 & 149
Liban. Mont. Sa fituation. Son étendue. Sa defcription. 168 & 169
Liechtail. Ville. Sa fituation. Son état. 259
Liége. Païs. Sa fertilité. Mœurs de fes Habitans. Titres de fon Evêque. Etendue

DES MATIERES.

due de cet Evêché. Sa situation. 334 & 335

Liége. Capitale du Païs de ce nom. Son ancienneté. Son fondateur. Sa situation. Ses édifices. Son chapitre célébre. 331 & suiv.

Lire. Ville. Sa situation. Son commerce. Les foires qui s'y tiennent. 359

Livourne. Ville de Toscane. Sa description. Son Commerce. Son Port. Son séjour agréable. 196 & 197

Locarne. Baillage en Italie dépendant des Suisses. Ses dépendances. Sa fertilité. Situation de la Ville de ce nom. 281

Louvain. Ville. Son nom Latin. Son ancienneté. Son fondateur. Son Université par qui & quand fondée. Sa situation. Son étendue. Ses édifices. Origine de son nom. Priviléges & démêlez de son Université. Mœurs des Habitans de Louvain. 345 & suiv

Lucerne. Capitale d'un Canton des Suisses. D'où elle tire son nom. Sa situation. Caractére des Habitans. Leur Religion. Qualité du terroir. Son Gouvernement. 240-241 & 242

Lugano. Baillage en Italie dépendant des Suisses. Son étendue. La Ville de ce nom. Sa situation 281

Luques. Capitale d'une République du même nom. Sa description. Son Gouvernement. 20

Mai-

M.

Maina. Montagne. Sa situation. Remarquable par plusieurs Temples célébres des Payens. 185 & 186

Malines. Sa situation. Sa grandeur. Est très marchande. Ses différens Seigneurs. Son siége Archiépiscopal par qui fondé. Ses Priviléges. Manufactures de dentelles où elles se tiennent. 359 & suiv.

Malthe. Isle. Son nom ancien. Sa situation. Son étendue. 190

Malthe. Capitale de l'Isle de ce nom. Sa situation. Ses Palais. Ses fortifications Son commerce. 190 & suiv.

March. Païs. D'où dérive ce nom. Sa situation. Son étendue. Sa fertilité. Ses Seigneurs anciens. à qui il appartient. 252

Marennes. Bourg considérable par ses Salines. 3 Richesses de ses Habitans. ibid.

Marie Magdelaine. Sa demeure. 149

Marigni (Mr. de) Consul à Chio. Sa générosité. 43 & 44

Marseille. Célébre dès sa fondation. Les Romains recherchent son alliance. Ses priviléges. Beauté de ses bâtimens & de ses dehors. 9 Sa fondation. Ses richesses. Son Port. 10

Masoure. (Ville de la) L'élite de la Noblesse Françoise y périt. 76

Masse. Principauté. A qui elle appartient. De qui elle reléve. 19

Mastricht. Ville. Sa situation. Son nom Latin. Son ancienneté. Son importance. Ses

DES MATIERES.

Ses différens Maîtres. A qui elle appartient. 330 & 331
Maubeuge. Ville. Son Abbaye. Ses fortifications. 375
Mayence. Capitale de l'Electorat de ce nom. Sa situation. Sa fondation. Ses malheurs. Son rétablissement. Son premier Evêque. Prérogatives & titres de son Archevêque. Son chapitre. Ses édifices. Humilité du premier Electeur. Importance de cette Ville. Caractére de ses Habitans. 303 & suiv.
Médailles curieuses. 194 195 232
Mendoise. Baillage en Italie dépendant des Suisses. Son étendue. Situation de sa Ville Capitale. 281
Mer morte. Sa situation. 151 Erreur sur l'odeur de ses eaux. 152. Leur qualité. ibid.
Meuse. Riviére. Son nom Latin. Sa source. Son cours. 336 & 337
Micone. Isle des Cyclades. Ses Fêtes anciennes. Ce que disent les Poétes de ses Habitans. Leur Caractére. 40 Portrait des femmes du Païs. Leur habillement. 41
Milo. Ville. Sa situation. 179 & 180
Mine de cristal. 249 De Laiton qui ressemble à de l'or. 252
Modon. Ville. Sa situation. Son nom ancien. Ses fortifications. Son état présent. 182 & 183
Momies. Réflexions à ce sujet. 96 & 97
Mons. Capitale du Hainaut. Sa situation.

Ses fortifications. Sa fondation. Son Commerce. Caractére de ses Habitans. 374
Montbelliard. Comté de l'Empire. Son étendue. 262
Montbelliard. Capitale de la Principauté de ce nom. Sa situation. 261 & 262
Mont de Pilate. Contes à ce sujet. Sa description. 243 & 244
Montmelian. Forteresse de la Savoye. 205
Morat. Ville. Sa situation. Est célébre par la défaite de Charles Duc de Bourgogne. Monumens de cette Victoire. 232. & 233
Morée. Presqu'Isle. Sa situation. Son circuit. Etymologie de son nom. Sa division d'aujourd'hui. Description de ses quatre Provinces. Son climat. Caractére de ses Habitans. Ses révolutions. Histoire de ses derniers Despotes. 184 & suiv.
Morge. Ville du Païs de Vaux. Sa situation. Son Port. Son Commerce. Caractére de ses Habitans. 211 & 212
Mortagne. Sa situation. 381
Moudon. Ville du Païs de Vaux. Son ancienneté. Par qui rebâtie. Sa situation. Son Commerce. Demeure ancienne des Gouverneurs du Païs. 228
Muncheistein. Ville. Sa situation. Son état. 259

N.

Namur. Comté. Sa situation. Ses mines. Ses carriéres. Origine de son nom. Ses premiers Souverains. 335 & 336

DES MATIERES.

Namur. Capitale du Comté de ce nom. Son importance. Sa situation. Ses Habitans. 335

Naplosa. Autrefois Sichem. Célébre dans l'Ecriture. 138 Sa situation. 139 Est la résidence d'un Bacha. Son état présent. 141

Napoli de Romanie. Ville. Son nom ancien. Capitale de la Morée. Sa situation. Ses Habitans. Ses fortifications. Son séjour est délicieux 181 & 182

Naxos. Isle. Sa situation. 37 Excellence de ses Vins. Consacrée à Bacchus. Restes de son Temple. Bonté du Païs. Son histoire ancienne. 38

Nazareth. Son état présent. Antiquitez qui s'y voyent. 165 & 166.

Nevay. Ville. Sa situation. Ses bâtimens. Mœurs de ses Habitans. Ses priviléges. Son ancienneté. 219

Neuchâtel. Capitale d'un Comté de même nom. Sa situation. Caractére de ses Habitans. 233-234 & 235.

Nieuport. Siéges qu'elle a soûtenus. Sa situation. 369.

Nil. Fleuve. Son embouchure. 88

Nimégue. Son nom Latin. Capitale de la Gueldre. Ses révolutions. Sa situation. Célébre par la Paix qui y fut conclue. 327 & 328

Nivelle. Ville. Son chapitre. 361

Nôtre Dame de la Pierre. Abbaye. Ses richesses. Cabaret magnifique. Division chez les Moines. 264 & 265

Nô-

Nôtre Dame des Hermites. Abbaye. Son ancienneté A le tître de Principauté. Histoire de sa fondation. Ses richesses. Comparée à Nôtre Dame de Lorette. 253

Nuys. Ville. Sa situation. Son nom Latin. Son ancienneté. Ses priviléges. Fondation de son chapitre. Ses révolutions. 322

Nyo. Isle. Est misérable. Tombeau remarquable. 178 & 179

Nyon. Ville du Païs de Vaux. Son nom ancien. Son origine célébre, Sa situation. Ce qu'elle étoit anciennement. Son état présent. 210 211 & 269

O.

Oleron. (Isle d') Renommée par Sidonius Apollinaris. Sa situation. Son étendue. Sa fertilité. Sa beauté. Richesses de ses Habitans. 3

Oieron. (Ville d') Sa description. Sa Citadelle 3

Oquelle. Ce que c'est 72

Orbe. Ville. Sa situation. Son Château par qui fondé. 236

Ordonnances de quelques Evêques touchant le mariage. 311

Ostende. Importance de ce Port. Sa situation. Ses fortifications. Siége fameux. 368

Oudenarde. Ville. Sa situation. Son Commerce. Ses Manufactures de tapisserie. 379

P.

PApier des Anciens. Quelle en étoit la matiére. 103

Parme. (Duc de) Exploits remarquables de ce Général. 358 & 359

Patras. Ville du Péloponése. Sa beauté. Etendue de cette Métropole. Débris de Temples anciens. 183 & 184

Payerne. Ville. Sa situation. 233

Pentateuque. Conférence curieuse sur ce livre. 139 & 140

Phalsbourg. Ville d'Alsace. Sa situation. Ses fortifications. 291

Philisbourg. Ville d'Alsace. Sa situation. Ses fortifications. Son importance. Son nom ancien. Sa fondation. 300 & 301

Pierre Pertus. Montagne. Ornée d'un Ouvrage fameux des Romains. Description de cet Ouvrage. Inscription remarquable. 262 & 263

Pise. Ville. Son ancienneté. Sa description. 197 & 198

Plaine d'Acre. Sa situation. Son étendue. n'est point cultivée. 130

Pont surprenant. 249

Porantreu. Capitale de l'Etat de ce nom. Son Evêque & Seigneur. 261

Puits de Jacob. Où se fit la conversion de la Samaritaine. 141 Puits de David. 155

Pyramides. Leur description. 94 & suiv.

Rai-

R.

Raimondi. (Mr. de) Conful de France à Naxos. Son hiſtoire. 37

Rhimberg. Ville. Sa ſituation. Ses fortifications. Caractére de ſes Habitans. 322 & 323

Rhin. Fleuve. Sa ſource. Où il eſt navigable. Son cours. Ses branches différentes. Ses différens noms. Son embouchure. Sa rapidité. Sa navigation difficile. Il roule de l'or. Beauté de ſes rivages. 337 & ſuiv.

Rhinfeld. Ville. Sa ſituation. Son importance. 309

Rhintal. Baillage. Ce que c'étoit autrefois. Mœurs de ſes Habitans. Leur Commerce. 277 & 278

Rhodes. Son Port. 56 Les Chrétiens n'y peuvent habiter. 58 Sa fertilité. 59

Richelieu (Le Cardinal de) arrête le ſecours que les Anglois envoyent aux Rochelois. 2 Fait faire une Digue devant la Rochelle. ibid.

Rochefort (Le port de) Sa beauté. Son incommodité. 3

Rochelle (La) ſéjour de l'Auteur dans cette Ville. 1 Son nom Latin. 2 Beauté de ſes bâtimens. Ibid. Son Commerce. Ibid. Aſſiégée par Louis XIII. Ibid. Priſe & démantelée, perd ſes Priviléges. Ibid. Eſt épiſcopale. Ses différentes Juriſdictions Son hôtel des monoyes. 2 & 3 Son Port. Ibid.

Rol-

DES MATIERES.

Rolle. Baronie. A qui elle a appartenu. 211

Romersmoutier. Baillage. Sa situation. Fondation de son Eglise. 226 & 227

Romont. Ville. Sa fondation. 269

Rossette. Sa fondation. Sa situation. 73

Royan. Ville. 3 Fertilité de son terroir. Renommée par la Pêche du Harang. Son Havre. 4

Ruremonde. Ville. Sa situation. Origine de son nom. Mœurs de ses Habitans. Ses édifices. 327

S.

Saint Amand. Apôtre de la Flandre. 372

Saint Amand. Ville. Son Abbaye quand & par qui fondée. 381 & 382

Saint Crescent Disciple de S. Paul & premier Evêque de Mayence. 304

Saint Eloi. Apôtre de la Flandre. 372

Saint Gal. Prêche la Foi en Suisse. 269

Saint Gal. Ville. Ses Alliances avec les Suisses. Son Abbaye a le titre de Principauté. Ses Abbez. Remarque judicieuse sur leur compte. Commerce des Habitans. Leur Manufacture. Sont indépendans des Abbez. 279 & 280

Saint Gothart. Montagne. Importance de ce passage. Description de ses chemins. Travaux surprenans. Belle perspective. 246 247 & 248

Saint Guillain. Ville. Son état présent. 374

Saint Jean de Maurienne. (Vallée de) Ses anciens Seigneurs. Sa situation. 205

Saint Suaire. 201

Saint Tron. Abbaye. Sa fondation. Sa situation. 344 & 345
Saint Urbain Abbaye. Sa fondation. 245
Samarie. Voyez Sebaste.
Samos. Célébre par les Siéges qu'elle a soûtenus. Est presque ruinée. On y voit les ruines du Palais de l'ancien Tyran. 43
Santhorin. Isle de l'Archipel. Sa fertilité. Est pleine de mines de souffre. Particularité remarquable. Feux soûterrains. 177 & 178
Sargan. Baillage. Sa situation. Caractére de ses Habitans. 278
Sarphan. C'est l'ancienne Sarepta. Demeure du Prophéte Elie. Ruines que l'on y voit. 126
Scandalium. Château bâti par Alexandre. 129 & 130
Schafouse. Canton de la Suisse. Son état. Qualité de son territoire. 260
Schafouse. Capitale du Canton de ce nom. Sa grandeur. Sa situation. Son ancienneté. Son importance. Son commerce. Caractére de ses Habitans. 260 & 261
Schelestad. Ville d'Alsace. Sa situation. Son ancienneté. Ses révolutions. Ses fortifications. 290 & 291
Schomborn. [de.] Un Seigneur de cette Maison Archevêque de Mayence. Son Histoire. 305
Schwits. Capitale du Canton de ce nom. Sa situation. Ses richesses. Ses Habitans. Ses édifices. A donné son nom à

DES MATIERES.

la Suisse. Remarque importante à ce sujet. Origine de ces Peuples. 250. & 251

Sebaste. Autrefois Samarie. Son Histoire. Son état présent. Sa situation. Prison de St. Jean Batiste. Monumens anciens. 136 & suiv.

Sempac. Ville célébre par la Victoire des Suisses. Sa description. Ses Priviléges. 244. & 245

Seyde. Ville de Phénicie. Sa situation. Son Commerce p. 124. Ruines de l'ancienne Sydon 125

Sichem. Voyez Naplosa.

Sion. Capitale du Valais. Mœurs de ses Habitans. Leur Gouvernement. 224 & 225

Smirne. Ville. Est très peuplée. Souvent ravagée par la peste 50. Sa Citadelle. 51

Sobieski (la Princesse de) est enlevée à Jnspruk. Circonstances particuliéres de sa fuite. 13 & suiv.

Sobriquets sur les différens Peuples de la Ligue des Suisses. 282 & 283

Soleure. Ville de Suisse. Sa situation. Ses bâtimens. 237

Source remarquable de Vitriol. 246

Spire. Ville du Palatinat. Son ancien nom. Son origine. Ancienneté de son Siége Episcopal. Ses premiers Chanoines. Dans quel tems ils furent sécularisez. Révolutions de cette Ville. Sa Cathédrale. Tombeaux remarquables. Sa chambre Impériale. 301. & 302

Stanco. Isle. 54. Patrie d'Apelles & d'Hipocrate. Son séjour est aimable. Naturel des Habitans. Beauté des Femmes.

S Leur

Leurs parures. Monument antique. 55
Strasbourg. Capitale des deux Alsaces. Sa grandeur. Son importance. Sa situation. Ses noms anciens. Ses édifices. Ses carriéres. Son Arcenal. Sa Cathédrale. Son gouvernement ancien. Celui d'à présent. Son Horloge. 293. 294. & 295
Suisse. Païs. Ses bornes anciennes. Celles d'aujourd'hui. Sa division. Sa situation. 271
Suisses. Peuple. Peur Origine. Conjecture curieuse à ce sujet. Leurs révolutions. Se procurent la liberté. Leur alliance avec les Rois de France. Leur gouvernement 263. & suiv.
Sur. Ville. C'est l'ancienne Tyr. Sa situation ancienne & moderne. Ce qu'en dit Quinte-Curse. Son état présent. Ruines de ses murailles lors du Siége d'Alexandre. Lieu où s'est tenu un grand Concile. Puissance de cette Ville autrefois. 127. & 128
Suse. Ville du Piémont. Sa situation. Monument antique qu'on y voit. 204

T.

Tabor. Montagne. Sa description. 166 & 167
Tergou. Baillage. Son étendue. Mœurs de ses Habitans jaloux de leur liberté. 278
Tongre. Ville. Ses ruines. Son ancienneté. Ses malheurs. Son premier Evêque. Révolutions de son Siége Episcopal. Est nommée par les Auteurs Latins. 333. & 334
Toulouse. Capitale du Languedoc. Ce qu'elle a de remarquable. Caractére de ses

ſes Habitans : célèbre du tems des Romains qui en enlévent le Tréſor. 6. Son Origine. Son Parlement. 7.

Tournai. Ville. Son ancienneté étoit autrefois le ſéjour des Rois de France. Tombeau de Childeric. Situation de Tournai. Ses dépendances. Sa Citadelle. 379. & ſuiv.

Tripoli de Syrie. Sa ſituation. Sa deſcription. 122

Turcs. Leur ſuperſtition. Leur goût pour les Lettres & les Langues. Leurs ſentimens ſur l'Alcoran : Politique des Grands. Leur conduite à l'égard du Sultan. Hiſtoires remarquables à ce ſujet. 283. & ſui,

Turin. Capitale du Piémont. Son nom ancien. Sa ſituation. Ses fortifications. Ses bâtimens Sa Cathédrale. Son Univerſité. Sa Citadelle. 200. & ſuiv.

Tyr. Voyez Sur.

Tyriens. Ont inventé l'Ecriture. La Navigation. Quelle étoit anciennement leur puiſſance. 128

V.

VAlais. Païs. Ses anciens Peuples. Sa ſituation. Sa fertilité. Caractére de ſes Habitans. Leur alliance avec les Suiſſes. 275

Valteline. Païs. Son étendue. Son importance 276

Vaux. Païs. Sa bonté. Sa ſituation. Etymologie de ſon nom. Caractére de ſes Habitans. Leur amour pour la liberté & pour leurs coûtumes. Leurs priviléges. Leurs anciens Souverains. 273 & 274

Veniſe

TABLE

Venise. Capitale de la République de ce nom. Sa beauté. 26. Comparée avec Amsterdam. Son Arcenal. Ses Palais. Place de St. Marc. 27. Description de la Ville. Son Gouvernement. Caractére des Venitiens. La galanterie regne jusques dans les Couvens. 28

Venus. Déesse de l'amour. Son histoire. 176

Vesel. Ville Anséatique. Son ancienneté. Ses fortifications. Sa situation. 323

Ville-Neuve. Sa situation. Son état présent. Son Hôpital fameux par qui fondé. 220 & 221

Urseren. (Vallée d') Mœurs de ses Habitans. 250

W.

Wormes. Capitale de l'Etat de ce nom. Qui en est le Seigneur. Sa situation. Ses malheurs. Son ancienneté. Son rétablissement. 302. & 303.

Y

Verdun. Ville, sa situation. Mœurs de ses Habitans. 236

Z

Zib. Ville de la Terre Sainte. C'est l'Achzib de l'Ecriture. 136.

Zuric. Capitale du Canton de ce nom. Sa situation. Son ancienneté. Son Fondateur. Ses richesses. Etoit considérable du tems des Romains. Caractére de ses Habitans. Son état présent. Libéralitez des Empereurs à son égard. 239. & 240.

FIN.

www.ingramcontent.com/pod-product-compliance
Lightning Source LLC
Chambersburg PA
CBHW071105230426
43666CB00009B/1833